¿ARTISTA?

Dios Tiene Seis Dones Para Ti

Arte y diseño de portada: Alma Villegas

Emplanaje interior del libro: Alma Villegas

Foto Alma Villegas en contraportada: Zahira Villegas-González

The Gift of Art/El Regalo del Arte
New York & Puerto Rico
almavillegas@aol.com

¿ARTISTA?

Dios Tiene Seis Dones Para Ti

Alma Villegas

Colección Hacia una Teología del Arte
Serie Bezalel, Volumen 1B

EL REGALO DEL ARTE
Conectando Cielo y Tierra a Través de las Artes

para gloria y hermosura
Éxodo 28:2

New York & Puerto Rico, 2019

¿ARTISTA?

DEDICATORIA

A

Moisés Villegas Fernández, Jr.

Mi querido hermano, Junior, quien cada vez
que me he enfrentado a una de esas montañas
que parecen gritarme "¡Alma, hasta aquí llegaste!",
ha estado a mi lado para decirme
"¡Jalda arriba que con Cristo se puede!"

A

Daniel Montañez

A quien vi crear y dirigir las primeras obras
de teatro en la Iglesia y fundar y dirigir el
Grupo de Avivamiento.

Al

Grupo de Avivamiento
Tiempo para cambiar.

En especial, a los integrantes de
los primeros trece años del Grupo (1967 –1980),
con los cuales crecí física y espiritualmente,
compartí mis primeros sueños artísticos y
nos lanzamos a cambiar el mundo.

Y a los que nos han seguido.

¿ARTISTA?

NOTA AL LECTOR

Como una forma de llegar a más lectores con el mensaje de la Teología del Arte y complacer a quienes quieren leer libros pequeños, hemos dividido *Bezalel, un artista llamado por Dios* en tres libros. Éstos se dividieron teniendo en consideración los temas principales del mismo. La Introducción, Conclusión y los Apéndices siguen siendo los mismos en los tres libros. Estos son:

- DIOS ELIGIÓ UN ARTISTA
  El llamado de Bezalel, Volumen 1A

- ¿ERES ARTISTA?
  Dios tiene seis dones para ti, Volumen 1B

- OBEDIENCIA Y SUMISIÓN
  La clave del éxito de Bezalel, Volumen 1C

¿ARTISTA?

MIRA, YO HE LLAMADO

Habló Jehová a Moisés, diciendo:

Mira, yo he llamado por nombre a Bezaleel hijo de Uri, hijo de Hur, de la tribu de Judá; y lo he llenado del Espíritu de Dios, en sabiduría y en inteligencia, en ciencia y en todo arte, para inventar diseños, para trabajar en oro, en plata y en bronce, y en artificio de piedras para engastarlas, y en artificio de madera; para trabajar en toda clase de labor.

Éxodo 31: 1-5

Y dijo Moisés a los hijos de Israel:

Mirad, Jehová ha nombrado a Bezaleel hijo de Uri, hijo de Hur, de la tribu de Judá; y lo ha llenado del Espíritu de Dios, en sabiduría, en inteligencia, en ciencia y en todo arte, para proyectar diseños, para trabajar en oro, en plata y en bronce, y en la talla de piedras de engaste, y en obra de madera, para trabajar en toda labor ingeniosa.

Y ha puesto en su corazón el que pueda enseñar, así él como Aholiab hijo de Ahisamac, de la tribu de Dan; y los ha llenado de sabiduría de corazón, para que hagan toda obra de arte y de invención, y de bordado en azul, en púrpura, en carmesí, en lino fino y en telar, para que hagan toda labor, e inventen todo diseño.

Éxodo 35: 30-35

¿ARTISTA?

CONTENIDO

¿ARTISTA?

INTRODUCCIÓN

"Señor, hazme una mujer de ideas"

EN BUSCA DE UN SUEÑO

En junio de 1980 salí de Puerto Rico para Inglaterra y Nueva York, en pos de un hermoso sueño: cursar estudios avanzados en teatro, con el propósito de usarlo como agente transformador y que las personas pudieran ver a través de ello el reflejo de un Dios Creador. Había en mí una sed inmensa por conocimientos artísticos que me pudieran capacitar para llevar a cabo mis metas. Ya había tenido la experiencia de trabajar con un grupo de jóvenes y de ver lo que Dios podía hacer cuando ponemos nuestros talentos y habilidades en sus manos. Sin embargo, llegar a ese momento de decisión en mi vida no fue un camino fácil; primero, el descubrir y aceptar mis talentos artísticos significaba ir contra lo que en esos momentos era aceptado por la Iglesia en general y, segundo, atreverme a dar el paso y comenzar a moverme en lo que yo sospechaba era la voluntad de Dios, requería de toda mi fe y valentía. Fueron muchas las veces que me repitieron:

- "Cristo viene y tú vas a estudiar. . . ¿QUÉ? ¿TEATRO?"

- "Oh ... tu quieres ser una actriz."

- "¿Me estás diciendo que Dios te llamó a servirle a través de las artes?"

- "¿Me estás diciendo que el ARTE es de Dios?" "¿Tú estás segura de eso?"

- "En la iglesia no se puede ensayar."

Estas preguntas y declaraciones vinieron de pastores, presidentes de denominaciones evangélicas, líderes y dueños de librerías cristianas, entre otros. Estaba muy atemorizada. Y con cada comentario, mis inseguridades crecían. Tenía muchas preguntas y temores y me preguntaba continuamente si estaría haciendo algo en contra de la voluntad de Dios.

MIS COMIENZOS

A la edad de dieciséis años acepté a Jesús como mi Salvador y comencé a asistir a las reuniones de los jóvenes. Una noche, cuando llegué a la reunión, encontré que se iba a llevar a cabo una sesión de planificación y se esperaba que diéramos ideas para las actividades a realizarse durante la Semana de la Juventud. La mayoría de los jóvenes comenzaron a sugerir diferentes tipos de actividades. Pude observar que el grupo estaba lleno de entusiasmo y continuamente aportaba ideas interesantes y emocionantes. Y yo no podía sugerir ni siquiera una simple idea. Esa noche oré a Dios. En el mismo lugar donde estaba sentada, torné mi rostro hacia la pared blanca en la cual estaba recostada, y sencillamente le dije a Dios: "Señor, hazme una mujer de ideas". Yo misma me quedé sorprendida al oírme decir esa oración; tan es así, que todavía recuerdo no solo el momento sino las palabras exactas. Solo entendía que era un gemir que brotaba de lo más profundo de mi ser, aunque no entendía cómo o por qué habían salido esas palabras de mis labios.

Hasta ese momento nunca había tenido una meta de lo que quería hacer con mi vida. Sabía que quería estudiar porque mis padres me repetían continuamente lo importante de una educación, pero ¿estudiar qué? Solo me entusiasmaban la música, la danza, la pintura y la poesía, pero eso era algo que estaba muy lejano de mi realidad, así que los descarté de mi vida. Por lo tanto, no me había detenido a pensar qué iba a estudiar y tampoco recuerdo otros sueños o ambiciones futuras. Adicional a ello, descubrí que, si quería consagrar mi vida al Señor Jesús, no podía participar en nada artístico. Por ejemplo, cine, teatro, y clases de danza o actuación, entre otros, no eran aceptados en la Iglesia. Entendí que mi amor por Jesús era más grande que mi amor por las artes, así que no fue problema convertirme en maestra de ciencias.

Sin embargo, entiendo que lo primero que hizo Jesús, luego de salvarme, fue despertar mis sueños. Aquellos sueños que había descartado de niña y que no sabía que permanecían escondidos dentro de mí. Mis sueños no estaban muertos, si no dormidos. Ante la presencia de un Dios Creador mis sueños despertaron y el Espíritu de Dios que todo lo escrudiña, aun lo más íntimo de nuestro corazón, me hizo exclamar "Señor, hazme una mujer de ideas" y Dios, entiendo, escuchó la oración. Creo que fue una oración que brotó del mismo corazón de Dios y se convirtió en semilla dentro de mi espíritu. Son esos momentos en que creemos que somos nosotros los que oramos, para después darnos cuenta de que esa oración la puso el Espíritu de Dios en nuestro espíritu; que el Espíritu de Dios hizo sombra sobre nuestro espíritu para incubar, nutrir y hacer germinar el llamado que Dios puso en nosotros desde antes de la creación del mundo.

Y para mi sorpresa, la respuesta a esta oración comenzó a manifestarse a través del arte, especialmente el teatro. Las ideas artísticas surgieron nuevamente. Formé varios grupos de teatro, escribí algunas historias y luego de varias puestas en escena, decidí estudiar teatro, danza y artes visuales. Sin embargo, la inseguridad continuaba, ¿de dónde surgía mi pasión por las artes? Estaba buscando al Señor con todo mi corazón, entonces, ¿por qué tenía esa fuerte inclinación hacia el arte, hacia el teatro? El miedo de alejarme de Dios surgió una vez más. No estando segura quien podría darme una respuesta correcta, decidí preguntarle a Dios. Solo Él podría tener la respuesta correcta.

MI ENCUENTRO CON BEZALEL

Este fue impactante y cambió radicalmente mi vida. Al sentir de una manera directa la oposición que había en algunas iglesias con relación al arte, surgió en mí una interrogante: "¿Qué dice la Biblia sobre el arte?". Yo había aprendido que la Biblia estaba por encima de cualquier revelación o palabra profética que uno pudiera recibir. Así que, con gran ingenuidad de mi parte, me dispuse a preguntarle a Dios en qué lugar, en la Biblia, se hablaba del arte. Y digo ingenuidad porque ahora me parece extraño que no se me hubiera ocurrido consultar una concordancia, un diccionario bíblico, una enciclopedia y, mucho menos, preguntarle al Pastor o alguno de los hermanos versados en las escrituras que había en la Iglesia. Sencillamente, pensé que era una pregunta que solo Dios podía contestarme, y por alrededor de tres meses me senté en un banco del salón de oración de mi iglesia con la Biblia sobre mi falda, repitiendo una y otra vez la misma oración: "¿Señor, muéstrame dónde, en Tu Palabra, dice que el arte proviene de ti?".

Para ese entonces, los servicios en la iglesia eran los domingos, mañana y noche, lunes, miércoles y viernes. Y, sin fallar, mantuve la misma oración hasta que una noche, no sé cómo, la Biblia se me cayó y, al recogerla, me llamó la atención el capítulo en que se abrió, Éxodo 31, y comencé a leerla. Para mi sorpresa, allí estaba la respuesta que buscaba: "Mira, yo he llamado por su nombre a Bezaleel hijo de Uri, hijo de Hur, de la tribu de Judá; y lo he llenado del espíritu de Dios, en sabiduría y en inteligencia, en ciencia y en todo **arte**" (énfasis mío). La palabra "arte" me parecía estar hecha de bombillitas que prendían y apagaban.

¡Qué sorpresa! Tenía la palabra "arte" ante mis ojos y no podía salir de mi asombro. Inmediatamente comencé a buscar referencias y estas me llevaron a Éxodo 35. Es ahí donde Moisés le dice al pueblo lo que Dios le dijo sobre Bezalel. Entonces, por otros tres meses estuve orando para que Dios me llamara por mi nombre, de la misma manera que lo hizo con Bezalel. Hasta que un domingo por la tarde, durante un servicio de oración de los jóvenes, Dios, al igual que hizo con Bezalel, me llamó por mi nombre y confirmó, a través de Su Palabra profética, el don que había puesto en mí. Las artes podrían estar prohibidas en muchas iglesias, pero no en la PALABRA DE DIOS. ¡Qué asombrosa revelación! ¡Qué Dios tan extraordinario!

Un año después de esa experiencia, me encontré camino a Inglaterra para estudiar teatro. La Biblia me señaló mi verdadero destino y el camino a seguir. Me convertí en la directora de teatro, dramaturga e investigadora de teología del arte que Dios ordenó y santificó, desde antes de que Él me formara en el vientre de mi madre. Y es por eso por lo que quise escribir este libro.

Para ti que sueñas con ser artista, tengo una historia que contarte. En mis comienzos, convertirme en artista trajo muchos desafíos a mi vida ya que un sector de la iglesia no entendía el potencial del arte como instrumento de adoración, evangelismo y sanidad emocional, física y espiritual. Pero yo ya había descubierto en la Biblia, a través de Bezalel, el *Poiesis Theou. . .*, el Dios Creador, fuente inagotable de inspiración y revelación artística.

Dios no hace distinción de persona. Él anhela alcanzar a toda la humanidad. Hay los que son sensibles a la belleza de una flor y hay los que se emocionan al ver una bola de baloncesto, leer un libro de filosofía o ser cinta negra de Brazilian Jiu-Jitsu. Y como Dios Creador, Él entiende que unos serán tocados a través del testimonio de un boxeador como Manny Pacquiao, o de una predicación de Kenneth Copeland, Joseph Prince o Dante Gebel. Pero Él sabe, mejor que nadie, porque Él nos hizo, que hay otros que van a necesitar del teatro, la música, la danza, el cine, las artes visuales, en fin, de las artes creativas para ser tocados y transformados por el poder de Dios. Recuerdo que una vez Dios susurró en mi espíritu, "como artista podrás llegar a lugares que otros no pueden, porque por lo regular los artistas tienden a ser bien recibidos" y a si ha sido. Me siento agradecida de Dios, porque entiendo que me dio el regalo del arte como instrumento para transformar y, literalmente, salvar vidas.

Quiero que descubras y estudies la vida de Bezalel, un artista llamado y sobrenaturalmente dotado por Dios. Aquí encontrarás el llamado de Bezalel, su mandato divino, su capacitación espiritual y artística y las características personales que le convirtieron junto con su equipo de trabajo, en artistas sabios de corazón. Y cómo, de la misma manera, Dios te está llamando para transformar tus talentos naturales en sobrenaturales de modo que te conviertas al igual que Bezalel en un artista sabio de corazón. La Biblia nos dice en Efesios 3: 20-21:

> Y a Aquel que es poderoso para hacer todas las cosas mucho más abundantemente de lo que pedimos o entendemos, según el poder que actúa en nosotros,
>
> a él sea gloria en la iglesia en Cristo Jesús por todas las edades, por los siglos de los siglos. Amén.

Y yo soy testigo de esa abundancia creativa de Dios.

A LOS SABIOS DE CORAZÓN

¿ARTISTA?

CAPÍTULO 1

EL ESPÍRITU DE DIOS
Inspiración creativa

> "…y lo he llenado del Espíritu de Dios"
> Éxodo 31:3

PREPARACIÓN DIVINA

Con relación a Bezalel, hay unos versículos que hasta ahora no he analizado y que, junto con Éxodo 31:2, son la piedra angular de su llamado. Y me refiero a Éxodo 31:3 "y lo he llenado del Espíritu de Dios, en sabiduría y en inteligencia, en ciencia y en todo arte". Y Éxodo 35: 34a: "Y ha puesto en su corazón el que pueda enseñar". Estos dos versículos nos hablan de la preparación de Bezalel para poder realizar el trabajo. Veamos el versículo en el contexto de lo que ya hemos estudiado. Cuando Dios le habla a Moisés en el Monte Sinaí, le dice:

> Mira, yo he llamado por nombre a Bezaleel hijo de Uri, hijo de Hur, de la tribu de Judá;

> y lo he llenado del Espíritu de Dios, en sabiduría y en inteligencia, en ciencia y en todo arte,

para inventar diseños, para trabajar en oro, en plata y en bronce,

y en artificio de piedras para engastarlas, y en artificio de madera; para trabajar en toda clase de labor. " (Éxodo 31:1-5).

Y mientras Moisés hablaba con el pueblo para notificar lo que el Señor le había dicho, también le dice: "Y ha puesto en su corazón el que pueda enseñar" (Éxodo 35: 34a).

El Señor le dice a Moisés que Bezalel ha sido llamado, que ha sido separado para la construcción del Tabernáculo, e inmediatamente le indica que ya ha sido llenado por el Espíritu de Dios para poder lograr la meta. Adicional a la llenura del Espíritu de Dios, Jehová otorga a Bezalel otros dones, los cuales son: sabiduría, inteligencia, ciencia, arte y el que pueda enseñar; lo cual, junto con el Espíritu de Dios, son seis dones en total.

Que se mencione el nombre de Bezalel, que se enfatice su llamado y que se especifiquen los dones recibidos, comenzando por la llenura del Espíritu de Dios, sumado al hecho de que después sea repetido a la congregación de Israel punto por punto es, para mí, uno de los momentos especiales del llamado de Bezalel. Entiendo que estos versículos poseen la llave espiritual que puede abrir para nosotros, los artistas del siglo 21, un tesoro que, de ser utilizado, cambiaría totalmente las artes; tanto cristianas como seculares. Para mí, estos versículos establecen el fundamento bíblico de las artes. Es por eso por lo que he decidido dedicar los próximos capítulos a explorar la capacitación sobrenatural de Dios a Bezalel que lo hizo elegible para no solo hacer el trabajo sino también dirigir la construcción del Tabernáculo.

Y solo por curiosidad me di a la tarea de buscar el significado de la palabra "llenado" en hebreo y encontré que esta es *malé*.[1] *Malé* es un verbo y significa "llenar, plenitud, completar, llenar la mano y consagrar". Es decir, Dios le da la plenitud de su Espíritu a Bezalel. Aquí se habla de abundancia, de totalidad. Me parece maravilloso que también signifique "llenar las manos", lo cual inmediatamente asocié con unción. Por ejemplo, en Marcos 16:18, Jesús dice: "tomarán en las manos serpientes, y si bebieren cosa mortífera, no les hará daño; sobre los enfermos pondrán sus manos, y sanarán". Las manos representan la habilidad que tiene una persona para hacer su trabajo o resolver un problema. También representan responsabilidad. Y para el artista, especialmente un arquitecto o un artista visual, son su principal instrumento de trabajo. El verbo *malé* nos habla también de consagración. Por ejemplo, cuando Jehová da las instrucciones sobre las vestiduras sacerdotales a Moisés, le dice: "Y con ellos vestirás a Aarón tu hermano, y a sus hijos con él; y los ungirás, y los consagrarás (*malé*), y santificarás, para que sean mis sacerdotes" (Éxodo 28:41). Al Bezalel ser llenado del Espíritu, Dios le dedica, le santifica, le aparta para el trabajo a realizar. Sus manos han sido llenas con los dones necesarios para el trabajo, ungidas para la tarea; y la responsabilidad del proyecto es investida, conferida a Bezalel. Qué manera más hermosa de comenzar la construcción del Tabernáculo y de aceptar el llamado de "Y harán un santuario para mí, y habitaré en medio de ellos" (Éxodo 25:8).

EL ESPÍRITU DE DIOS

Recordemos, que lo primero que Dios dice sobre Bezalel a Moisés, una vez que le identifica, es que este ha sido lleno del Espíritu de Dios. Y luego, Moisés convoca al pueblo y le repite las mismas palabras que Dios le dijo a él.

Bezalel es la primera persona, en las escrituras, de quien Dios mismo da testimonio de que ha sido lleno del Espíritu. Esta es una de las primeras menciones en la *Biblia* sobre el Espíritu de Dios y la primera donde se indica que Dios ha llenado a una persona con su Espíritu para llevar a cabo una labor específica. Si hacemos referencia a lo que se conoce en hermenéutica bíblica como la Ley de la Primera Mención, tenemos que reconocer que estas palabras de Dios a Moisés son de un gran significado y establecen un importante precedente.

Primero, saber que la primera persona de la cual Dios da testimonio y dice que ha sido lleno del Espíritu de Dios es un artista es sumamente emocionante para mí. Se despierta toda tu esencia creativa, entras en estado de alerta y tu espíritu se pone en pie, "¡Esto es para mí!". Pero aún sigo preguntándome cómo es que nadie me había dicho que Bezalel era artista. ¿Cómo es que nadie

11

me había dicho que Dios mismo le dice a Moisés, el profeta, sacerdote, líder, libertador del pueblo con quien tuvo una reunión de 40 días y 40 noches para darle los 10 mandamientos y todas las demás leyes: "Mira, yo he llamado por nombre a Bezaleel [...] y lo he llenado del Espíritu de Dios"? Qué maravilla. Vuelvo y enfatizo, cuando Dios menciona algo por primera vez en la Palabra hay que ponerle doble atención. Y vuelvo y me pregunto: ¿Qué quiso decirme Dios a mí como artista?

A través de las Sagradas Escrituras vemos cómo el ser lleno del Espíritu de Dios se convierte en requisito principal para el llamado de el Señor. Y si tomamos en consideración que esta primera declaración se le dice a un artista, para mí, como artista, la trascendencia es mayor. Primero, Dios le habla a Moisés y le dice: "Y lo he llenado del **Espíritu de Dios**" (Éxodo 31:3a, énfasis mío). Después, Moisés repite las palabras de Dios al pueblo, cuando convoca a "toda la congregación de los hijos de Israel" (Éxodo 35:1), y les dice: "Mirad, Jehová ha nombrado a Bezaleel [...], y lo ha llenado del **Espíritu de Dios**" (Éxodo 35:30, énfasis mío).

Es de conocimiento general que en el Antiguo Testamento el Espíritu de Dios estaba limitado al profeta, al sacerdote y al rey. Sin embargo, la primera mención que hace Dios sobre la llenura del Espíritu y su importancia en la capacitación para el trabajo a realizar la hace al llamar y separar al artista Bezalel para hacer el trabajo del Tabernáculo; y Bezalel no era ni profeta, ni sacerdote, ni rey. *Ruwach*[2] es la palabra hebrea para "espíritu" y "aliento"; y *Elohiym*[3] es el Dios Supremo; así que Dios llenó a Bezalel de su propio aliento, del Espíritu del Todopoderoso.

Otro punto importante, para mí, es el contexto en el cual sucede todo el proceso del llamado. Las circunstancias en las que Dios le revela a Moisés quién haría el Tabernáculo no cambian, son las mismas al momento de recibir la ley y al momento de la descripción del Tabernáculo. Así que, si los detalles anteriores eran importantes, este detalle también es importante. Dios no pasa de hablar de algo tan trascendental como la ley, el día de reposo y el Tabernáculo a hablar de algo insignificante. La persona que haría el Tabernáculo, lo mismo que sus asistentes, eran sumamente importantes para el Señor. Tan es así, que conocemos sus nombres y los nombres de los padres, familiares y tribus a las cuales pertenecían y todos, como he señalado anteriormente, tienen nombres significativos. Así que yo, como artista, tengo que entender que tengo un valor especial ante Dios y que el primer regalo que me da es su Espíritu.

A veces me pregunto por qué Dios le dice a Moisés que Bezalel ha sido lleno del Espíritu de Dios y luego Moisés, junto con todas las otras instrucciones que le dio Dios para comunicar al pueblo, anuncia el llamado de Bezalel. Y me imagino la sorpresa de algunos al entender que Dios ha llamado a un artista y que lo primero que ha hecho es llenarlo de su Espíritu. ¿Habrá sido para que no quedara duda en aquel pueblo de que el trabajo a realizar era sagrado? Estoy segura de que aquel pueblo había visto expresiones artísticas en Egipto. Y con toda seguridad las había visto en el contexto de la idolatría. Ante la eminente construcción de un santuario a Jehová, este establece una distinción sobre los requisitos y capacidades que tendrían los que recibieron la encomienda de construir el Tabernáculo. Tal vez era necesario, para que no quedara duda en el pueblo de hoy en día, que Dios también llama a artistas y les llena de su Espíritu para construir la Iglesia del siglo 21. El nombre de Bezalel y su ayudante Aholiab han sido preservados hasta hoy como ejemplo de lo que Dios puede hacer cuando, como artistas, respondemos al llamado de Dios. Moisés, como líder, recibe la confirmación del llamado de Bezalel y se la comunica al pueblo. Dios les ha separado para la labor, de esta forma no hay espacio para dudas, celos o "quítate tú para ponerme yo". El dedo de Dios les marcó para la obra y su Espíritu los preparó.

Es la primera vez que se diseña y construye un santuario para el servicio y adoración de Dios. El mismo contaría con elementos artísticos, pero, sobre todo, la estructura en sí del Tabernáculo con sus diferentes áreas de servicio y adoración, cada mueble y adorno, eran sombra de Aquel que habría de venir. Hoy, al estudiar el Tabernáculo, vemos que es la tipificación de Cristo y su obra redentora, y que ese mensaje tenía que llegar a nosotros sin alteraciones o modificaciones. Un tabernáculo que había sido diseñado en la mente de Dios necesitaba de artistas obedientes y, sobre todo, llenos del Espíritu de Dios, para poder reconocer y obedecer las instrucciones. Dios se comunica a nuestro espíritu a través de su Espíritu: "Pero Dios nos las reveló a nosotros por el Espíritu; porque el Espíritu todo lo escudriña, aun lo profundo de Dios" (1 Corintios 2:10). Así que era necesario que el Espíritu se moviera sobre Bezalel. Entiendo que no importa cuán brillante o talentoso era Bezalel y los que colaboraron con él en la construcción del Tabernáculo, no hay forma de que ellos por sí solos hubiesen llegado a la realización de tal diseño y sus implicaciones. Para ello se requería de una mente divina como la de Dios, y de un instrumento sujeto a la obediencia como Bezalel.

Y nuevamente vuelvo a hacer énfasis en el orden y protocolo espiritual al cual, como artistas, debemos estar sujetos. Bezalel estaba identificado por su familia y su tribu, podríamos decir que estaba identificado como miembro activo de una congregación y que, cuando llega el momento del llamado de Dios, este le habla y le confirma a través de su líder espiritual. Moisés entonces le confirma al pueblo. Estoy casi segura de que mucho antes de esta declaración de Dios a Moisés, Dios estaba preparando a Bezalel, pero en el momento de hacerlo público, Dios lo confirma a través de Moisés, su líder espiritual.

Sería maravilloso, para muchos de nosotros, que en el momento de nuestro inicio oficial al ministerio en las artes, el mismo tuviera lugar en el círculo interno de la Iglesia, y que fuese nuestro pastor y líder espiritual el que diese testimonio ante la congregación de nuestro llamado y separación para el ministerio artístico. En vez de sentirnos preocupados y desorientados ante la falta de conocimiento del arte como un regalo de Dios, por muchos de nuestros líderes. Cuántos jóvenes y adultos —y menciono a los adultos porque las artes no son solo para niños y jóvenes— se sienten frustrados y desorientados porque no pueden desarrollar sus dones artísticos de una manera saludable y exitosa.

EL ESPÍRITU DE DIOS Y LA CREATIVIDAD

Explorando sobre el Espíritu de Dios, veo que en Génesis 1:2 se nos dice: "Y la tierra estaba desordenada y vacía, y las tinieblas estaban sobre la faz del abismo, y el Espíritu de Dios se movía sobre la faz de las aguas". ¿Por qué el Espíritu de Dios se movía sobre la faz de las aguas? Buscando clarificación o luz para este versículo me fui a la *Biblia Peshitta*, que es la traducción de la Palabra de Dios desde el arameo, uno de los manuscritos más antiguos de la *Biblia*. En ella encontré, en Génesis 1:2, lo siguiente: "Y la tierra era caos y vacuidad, y había tinieblas sobre la superficie del abismo profundo. Y el Espíritu de Dios **incubaba** sobre la superficie de las aguas (énfasis mío)".[4]

La palabra "incubaba" en vez de "se movía" me dio un panorama mucho más amplio sobre el Espíritu de Dios en el proceso creativo. Incubar es crear las condiciones necesarias para que se desarrolle la vida. Las aves suelen colocarse sobre sus huevos para incubarlos. Estas mantienen una temperatura de calor constante para que se desarrolle el embrión en el huevo. Incubar nos habla de establecer las condiciones necesarias para la creación de la vida. El Espíritu de Dios estaba creando las condiciones necesarias para que la materia que había sido o que estaba siendo creada *ex-nihilo* (hecha de la nada) respondiera a la voz de Dios y tomara forma. E inmediatamente la *Biblia* nos dice: "Y dijo Dios: Sea la luz: y fue la luz" (Génesis 1:3).

Nuevamente, la palabra en hebreo para espíritu, en este versículo, es *rûwach*, que es también descrita como "aliento-viento-espíritu de Dios". Así que el aliento-viento-espíritu de Dios se movía, incubaba, sobre las aguas como un águila revoloteando sobre sus polluelos. El águila revolotea sobre sus polluelos para cuidarlos y alimentarlos, nutrirlos. Así que vemos al Espíritu de Dios formando una parte integral de la creatividad. El salmista nos confirma esta labor creativa del Espíritu cuando nos dice: "Envías tu Espíritu, son creados, y renuevas la faz de la tierra" (Salmo 104:30).

De igual manera, el Espíritu estaría sobre Bezalel, incubando ideas, nutriendo su capacidad creativa para la tarea que tendría que hacer. El tabernáculo debía ser construido de acuerdo con el diseño divino, por personas a quienes el Espíritu Santo incubaba y nutría de los dones y talentos puestos en ellos para que fueran desarrollados de forma positiva. El trabajo por realizar fue descrito a Moisés por Dios, y posiblemente muy poco espacio les fue dado para un cambio o variación creativa. Realmente, Bezalel necesitaba del Espíritu de Dios para enfrentar la tarea.

Al ser hechos a imagen y semejanza de Dios, hay en nosotros una capacidad creativa, pero Dios crea de la nada y nosotros creamos con la materia que ya ha sido creada. Y es que Dios, como Padre Creador, comparte su naturaleza creativa con el ser humano. Es por ello por lo que no es de extrañarnos que el Espíritu de Dios esté sobre Bezalel, Dios sabe que en Bezalel están los elementos necesarios para ser incubados, nutridos, desarrollados.

EL ESPÍRITU DE DIOS Y LA EXCELENCIA

El Espíritu de Dios, además de estar identificado con el proceso creativo, hace que sobresalgas por la excelencia de tu trabajo. Y esa excelencia e integridad con la cual haces el trabajo permiten que te distingas ante personas que no conocen a el Señor. Esa fue la experiencia de José con el faraón: "y dijo el faraón a sus siervos: ¿Acaso hallaremos a otro hombre como éste, en quien esté el espíritu de Dios?" (Génesis 41:38). Para el faraón, José pudo hacer el trabajo que otros no pudieron hacer y hacerlo bien a la vez que sobrepasó todas las expectativas, y eso es la excelencia. Esta es la primera vez que vemos que la *Biblia* nos dice que el Espíritu de Dios está en una persona. El testimonio no viene directo de el Señor, como en el caso de Bezalel, pero sí del faraón, lo cual es sumamente interesante ya que el faraón no conocía a el Señor. Sin embargo, José, a través de la interpretación de los sueños del faraón, pudo manifestar el Espíritu de Dios y el faraón, aunque no temía a Dios ni le servía, pudo ver a Dios en José. Es interesante notar que José puso su talento al servicio del faraón, al servicio de un trabajo secular, pero en el proceso honró a el Señor y así fue glorificado. Esto comienza, para mí, a romper esquemas impuestos.

EL ESPÍRITU DE DIOS Y EL MINISTERIO DE JESÚS

Sabemos que el Espíritu de Dios es crucial en nuestro desarrollo y capacitación, tanto es así que el mismo Jesús necesitó del Espíritu para llevar a cabo su ministerio. Sabemos que Jesús es el Hijo de Dios, pero la *Biblia* nos dice que siendo Dios se hizo hombre y habitó entre nosotros; por tanto, como hombre, necesitó del Espíritu de Dios.

En el Antiguo Testamento, el profeta Isaías nos habla de cómo Dios le capacitaría: "Saldrá una vara del tronco de Isaí, y un vástago retoñará de sus raíces. Y reposará sobre él el Espíritu de Jehová" (Isaías 11:1, 2a). El profeta anuncia su origen, su nacimiento y su capacitación. Aquí se hace referencia a cómo el Espíritu Santo reposaría sobre Él. Jesús sería ungido para su ministerio, lo cual se cumple mientras es bautizado por Juan el Bautista: "Aconteció que cuando todo el pueblo se bautizaba, también Jesús fue bautizado; y orando, el cielo se abrió, y descendió el Espíritu Santo sobre él en forma corporal, como paloma, y vino una voz del cielo que decía: Tú eres mi Hijo amado; en ti tengo complacencia" (Lucas 3:21-22). Y el apóstol Lucas continúa describiendo cómo Jesús "lleno del Espíritu Santo, volvió del Jordán, y fue llevado por el Espíritu al desierto" (Lucas 4:1). Cuando Jesús fue llevado al desierto, luego de comenzar su ministerio, iba lleno del Espíritu. ¿Cuántos de nosotros, como artistas, nos lanzamos al ministerio sin tener idea de la unción y capacitación de Dios para los artistas? Con razón, Jesús pudo resistir de una manera victoriosa al diablo: "Y cuando el diablo hubo acabado toda tentación, se apartó de él por un tiempo" (Lucas 4:13). El testimonio del apóstol Lucas continúa, enfatizando cómo el Espíritu jugó un papel esencial en el comienzo del ministerio de Jesús:

Y se le dio el libro del profeta Isaías; y habiendo abierto el libro, halló el lugar donde estaba escrito:

El Espíritu del Señor está sobre mí,
Por cuanto me ha ungido para dar
buenas nuevas a los pobres;
Me ha enviado a sanar a los
quebrantados de corazón;
A pregonar libertad a los cautivos,
Y vista a los ciegos;
A poner en libertad a los oprimidos;
A predicar el año agradable del Señor.

Y enrollando el libro, lo dio al ministro, y se sentó; y los ojos de todos en la sinagoga estaban fijos en él. Y comenzó a decirles: Hoy se ha cumplido esta Escritura delante de vosotros. (Lucas 4:17-21).

Jesús comenzó su ministerio lleno del Espíritu. El Espíritu le transformó de un hombre común, o natural, al hombre que todos se maravillaban de la forma en que se expresaba: "Y todos daban buen testimonio de él, y estaban maravillados de las palabras de gracia que salían de su boca, y decían: ¿No es éste el hijo de José?" (Lucas 4:22). Seguía siendo hombre, pero ya no un hombre natural, sino un hombre espiritual. El pueblo entendía que sus palabras no eran las mismas que hablaban otros o las mismas que tal vez él hablara antes de ser lleno del Espíritu de Dios. Y, aún más, todos se maravillaban por las cosas que hacía, había sido ungido por el Espíritu Santo, "cómo Dios ungió con el Espíritu Santo y con poder a Jesús de Nazaret, y cómo éste anduvo haciendo bienes y sanando a todos los oprimidos por el diablo, porque Dios estaba con él" (Hechos 10:38).

Y este privilegio de estar lleno del Espíritu Santo no seguiría siendo algo exclusivo para sacerdotes, profetas y reyes, sino que Jesús nos dio la promesa del Espíritu Santo para todos nosotros: "Y yo rogaré al Padre, y os dará otro Consolador, para que esté con vosotros para siempre: el Espíritu de verdad, al cual el mundo no puede recibir, porque no le ve, ni le conoce; pero vosotros le conocéis, porque mora con vosotros, y estará en vosotros" (Juan 14:16-17).

Y luego de su muerte y resurrección, Jesús mismo le dice a sus discípulos y seguidores que no se vayan de Jerusalén, sino que esperen la promesa del Padre, "Porque Juan ciertamente bautizó con agua, mas vosotros seréis bautizados con el Espíritu Santo dentro de no muchos días" (Hechos 1:5). Incluso les habla de por qué es importante que reciban la promesa: "pero recibiréis poder, cuando haya venido sobre vosotros el Espíritu Santo, y me seréis testigos en Jerusalén, en toda Judea, en Samaria, y hasta lo último de la tierra" (Hechos 1:8). Y así vemos cómo, en el día de Pentecostés, fueron todos llenos del Espíritu Santo.

Así que el estar llenos del Espíritu de Dios para llevar a cabo nuestro llamado está más a nuestro alcance hoy en día de lo que estaba en los días de Bezalel. El Espíritu de Dios enriqueció las capacidades naturales que tenía Bezalel y las transformó en extraordinarias. El Espíritu Santo puso lo sobrenatural en los dones naturales de Bezalel y demás artistas. Esta es la primera lección que aprendemos y el primer regalo que recibimos hacia la implementación de la teología del arte, en nuestro llamado artístico.

NOTAS:

[1] James Strong, LL.D., S.T.D., *The New Strong's Expanded Exhaustive Concordance of the Bible*, (Nashville: Thomas Nelson, 2010), 158.

[2] _____, *The New Strong's Expanded Exhaustive Concordance of the Bible*, (Nashville: Thomas Nelson, 2010), 258–259.

[3] _____, *The New Strong's Expanded Exhaustive Concordance of the Bible*, (Nashville: Thomas Nelson, 2010), 17.

[4] Instituto Cultural Álef y Tau, A.C., *La Biblia Peshita en Español*, (Nashville: Broadman & Holdman Publishing Group, 2006), 1.

¿ARTISTA?

CAPÍTULO 2

SABIDURÍA
PROCESO CREATIVO

"…y lo he llenado del Espíritu de Dios, en sabiduría"
Éxodo 31:3

HABILIDAD PARA CREAR SOBRENATURALMENTE

Desde el comienzo de la creación, Dios ha hecho las cosas mucho más abundantemente de lo que pedimos o entendemos, como nos dice Efesios 3:20. Y esto lo vemos manifestado en el llamamiento de Bezalel. No solo Dios le llama por su nombre e inmediatamente señala que le ha llenado de su Espíritu, sino que continúa declarando los dones que ha puesto en él. El llamamiento o separación para la tarea no ha sido suficiente; ser lleno del Espíritu ha sido algo maravilloso, pero no es el fin de la capacitación, sino el principio que abre la puerta para otros dones. Le servimos a un Dios de superabundancia. Así que, inmediatamente después de haberle dicho Dios a Moisés que Bezalel había sido llenado del Espíritu de Dios, le dice que le ha dado sabiduría (Éxodo 31:3b), lo cual también fue confirmado ante la congregación (Éxodo 35:31).

21

La palabra "sabiduría" nos viene del hebreo *chokmah*.[1] Aparece por primera vez en Éxodo 28:3, en contexto con la actividad artística:

> Y tú hablarás a todos los sabios de corazón, a quienes yo he llenado de espíritu de sabiduría [*chokmah*], para que hagan las vestiduras de Aarón, para consagrarle para que sea mi sacerdote".

Por aquello de estar segura, revisé otras traducciones de la Biblia:

> Recurre a los **artesanos** más competentes, a los que yo he dotado de **especial habilidad**, para que confeccionen las vestiduras que Aarón llevará cuando sea consagrado como sacerdote mío. (BLPH, énfasis mío)

> Y hablarás a todos los **hábiles artífices**, a quienes yo he llenado de espíritu de sabiduría, y ellos harán las vestiduras de Aarón para consagrarlo, a fin de que me sirva como sacerdote. (LBLA, énfasis mío)

> Quiero que mandes a hacer un traje especial para Aarón y sus hijos, pues son mis sacerdotes. Busca a quienes les he dado **grandes capacidades artísticas**, para que les hagan ese traje, pues quiero que sea fino y hermoso, como corresponde a mis sacerdotes. (TLA, énfasis mío)

Al describir a los hombres y mujeres que iban a participar en la confección de las prendas, el Señor los describe como artesanos competentes, hábiles artífices o personas con grandes capacidades artísticas. Esta descripción proviene de la palabra hebrea *chakam*[2] que significa sabio, sabio de corazón, inteligente, hábil o diestro. Estas eran personas que Dios había llenado con el espíritu de sabiduría, o a quienes había dado habilidad artística.

Se asocia la palabra "sabiduría", en este versículo, con los conocimientos técnicos o habilidades especiales necesarias para hacer los vestidos. Y hemos visto que, cuando Dios llama a Bezalel, dice que le ha dado sabiduría (*chokmah*). Dos cosas podemos inferir aquí; o bien que las habilidades especiales que el artista tenía eran dadas por Dios, o bien que sus habilidades naturales como artistas iban a ser transformadas en habilidades sobrenaturales. No importa cuál de las dos opciones sea tu caso, lo importante es que, como Bezalel, siempre terminarás con el toque sobrenatural de Dios en tu vida artística.

En el caso de Bezalel, era sabiduría artística, habilidad artística o la capacidad de hacer cosas. Realmente prefiero usar la palabra "sabiduría" porque tiene una connotación más fuerte, aunque una de las definiciones de sabiduría es habilidad. La sabiduría es una de esas palabras difíciles de definir en una sola oración. Para algunos, la sabiduría es la capacidad de tomar las decisiones correctas, lo cual es un signo de madurez. Según Strong, una persona con *chokmah* podría ser un guerrero o un artista, dependiendo de la vocación que se haya seguido. *Chokmah* es también ese pensamiento o primera revelación de comprensión que recibimos mientras estamos en el proceso de aprender un nuevo tema o una nueva lección. Es como una intuición o una perspectiva de poder ver el plan en su totalidad, ver cómo todo encaja y recibir la imagen completa de lo que será el proyecto. Según *Psychology Today*, la "sabiduría" deriva de la raíz *Proto-Indo-Europea weid-*, que quiere decir "ver".[3] WOW. ¿Te imaginas? Cuando como artista estás lleno del espíritu de la sabiduría, "puedes ver" más allá de lo natural, puedes ver en el ámbito sobrenatural y obtener ideas, conceptos y diseños artísticos, literalmente, fuera de este mundo.

En Isaías 11:2, el espíritu de sabiduría es uno de los siete espíritus que el profeta Isaías dice que reposará sobre el renuevo de Isaí, el Mesías prometido, Jesús de Nazaret. Para mí, como directora de teatro, dramaturga, productora y educadora, la palabra "sabiduría" es valiosa. Si Bezalel, para poder llevar a cabo el trabajo, fue lleno con el espíritu de sabiduría, entiendo que es algo necesario para mí como artista. Más aún, si Jesús, siendo el Hijo de Dios, para llevar a cabo su ministerio aquí en la Tierra necesitó ser investido con el espíritu de sabiduría, entonces entiendo que para mí es trascendental.

Me he preguntado cómo esta sabiduría impartida por el Espíritu de Dios a Bezalel podría ser también relevante en mi carrera artística. Encontramos, en Proverbios, a la sabiduría hablando y descubrimos que tiene la capacidad de guiarnos cuando nos tornamos a ella: "He aquí yo os derramaré mi espíritu sobre vosotros, y os haré saber mis palabras" (Proverbios 1:23). Y en este momento histórico, donde el arte comienza a surgir nuevamente de manera significativa en la iglesia y en las comunidades cristianas, necesitamos ser guiados por la sabiduría, necesitamos oír de ella.

SABIDURÍA Y PROCESO CREATIVO EN LA CREACIÓN

Hemos visto cómo, en el principio de la creación, el Espíritu de Dios se movía, incubaba sobre la faz de las aguas. De igual manera, la sabiduría fue parte de ese proceso creativo: "Jehová con sabiduría fundó la tierra" (Proverbios 3:19). La misma es parte inherente de Dios: "Jehová me poseía en el principio, ya de antiguo, antes de sus obras" (Proverbios 8:22). Y estuvo presente antes que los cielos y la Tierra fuesen creados, antes de la creación del mundo:

> Eternamente tuve el principado, desde el principio,
> Antes de la tierra.
> Antes de los abismos fui engendrada;
> Antes que fuesen las fuentes de las muchas aguas.
> Antes que los montes fuesen formados,
> Antes de los collados, ya había sido yo engendrada;
> No había aún hecho la tierra, ni los campos,
> Ni el principio del polvo del mundo. (Proverbios 8:23-26).

Podemos ver a la sabiduría como una energía creativa, como un punto de creación, ya que esta formó parte de todo el proceso creativo del universo:

> Cuando formaba los cielos, allí estaba yo;
> Cuando trazaba el círculo sobre la faz del abismo;
> Cuando afirmaba los cielos arriba,

Cuando afirmaba las fuentes del abismo;
Cuando ponía al mar su estatuto,
Para que las aguas no traspasasen su mandamiento;
Cuando establecía los fundamentos de la tierra. (Proverbios 8:27-29).

Y aun después de terminada la creación, la sabiduría siguió presente:

Con él estaba yo ordenándolo todo,
Y era su delicia de día en día,
Teniendo solaz delante de él en todo tiempo.
Me regocijo en la parte habitable de su tierra;
Y mis delicias son con los hijos de los hombres. (Proverbios 8:30-31).

Qué maravilla, si la sabiduría pudo estar durante todo el proceso de la creación de un universo tan majestuoso, ¿podrá la sabiduría ayudarnos a crear un arte reflejo de la grandeza de nuestro Señor? ¿Podrá la sabiduría ayudarnos a crear nuevas obras teatrales que no sean adaptaciones de obras escritas por aquellos que no temen a el Señor? ¿Podrá la sabiduría ayudarnos a crear nuevas técnicas de actuación? ¿Nuevos conceptos cinematográficos? ¿Nuevas técnicas teatrales? ¿Nuevos estilos de actuación, diseño o dirección escénica? ¿Nuevos ritmos musicales? ¿Nuevas teorías artísticas que sean congruentes con nuestra fe cristiana? Entiendo que la respuesta es un definitivo "*sí*".

JOSÉ, SALOMÓN Y DANIEL

José, Salomón y Daniel son tres ejemplos de la sabiduría de Dios. Veamos, pues, su impacto, no solo a nivel personal, sino también a nivel de gobiernos y a nivel nacional e internacional.

JOSÉ, GOBERNADOR DE EGIPTO

El faraón reconoció a Dios a través de la sabiduría que José recibió de Dios: "y dijo el faraón a sus siervos: ¿Acaso hallaremos a otro hombre como éste, en quien esté el espíritu de Dios? Y dijo el faraón a José: Pues que Dios te ha hecho saber todo esto, no hay entendido ni sabio como tú" (Génesis 41:38-39), y fue puesto en autoridad para llevar a cabo una misión única. El faraón pone en manos de José la posición más alta después de él. Le dio su anillo, le hizo vestir de ropas de lino finísimo, puso un collar de oro en su cuello y le hizo subir en su segundo carro. Y como si esto fuera poco, mandó a pregonar que todos doblaran rodilla ante José. La sabiduría dada por Dios a José sirvió para preservar la vida no solo del pueblo de Egipto, sino especialmente de lo que sería el pueblo de Israel. El faraón no servía a el Señor, sin embargo, José trabajó secularmente para el faraón y el trabajo de José sirvió de testimonio ante el faraón. Cuando el faraón se presente, al final de los tiempos, ante el Señor, no habrá excusas. Lo que entiendo es que mi talento no es solo para usarlo en la Iglesia, sino para usarlo también como un instrumento de bendición ante aquellos que no conocen a el Señor.

EL REY SALOMÓM

Uno de los ejemplos más clásicos en la *Biblia* de cómo obtener sabiduría y cómo la misma fue indispensable para ayudar, guiar y juzgar es Salomón. Él atrajo gentes de todas partes: "Y para oír la sabiduría de Salomón venían de todos los pueblos y de todos los reyes de la tierra, adonde había llegado la fama de su sabiduría" (1 Reyes 4:34). La Biblia nos dice que después de la muerte del rey David, su hijo Salomón fue confirmado como rey, y convocó al pueblo de Israel al lugar alto de Gabaón, porque allí estaba el Tabernáculo de la congregación y el Altar de Bronce que Bezalel hizo. Continúa narrándonos las Escrituras cómo Salomón fue delante del Señor y ofreció mil holocaustos (2 Crónicas 1: 6). Según Finis Jennings Dake, *Dake's Annotated Reference Bible*, el costo contemporáneo de las ofrendas fue aproximadamente de $325,000 si la ofrenda estaba hecha de toros a $325 cada uno, o $20,000 si la ofrenda era de corderos, cabras o carneros a $20 cada uno, más el costo de la harina, el vino y el aceite necesarios para cada sacrificio.[4]

Salomón probablemente seleccionó mil toros porque eso habría reflejado su magnificencia real.

La *Biblia* nos da testimonio del amor de Salomón por el Señor, al señalar su obediencia por los mandamientos de Dios (1 Reyes 3:3). Así que no es de extrañar que convocara a Israel a sacrificar holocaustos en Gabaón. Y, una vez mas, es interesante resaltar que en Gabaón estaban el tabernáculo de reunión y el altar de bronce que había hecho Bezalel. Estos habían sido hechos por Bezalel aproximadamente 680[5] años luego de haber sido llenado del espíritu de sabiduría por el Señor para dirigir y construir la obra del Tabernáculo. Estoy segura de que Salomón era consciente de la capacitación dada por Dios a Bezalel y del trabajo que este llevó a cabo. Y esa misma noche se le apareció el Señor a Salomón en sueños y le dijo "Pídeme lo que quieras que yo te dé" (2 Crónicas 1:7). Y Salomón le respondió: "Dame ahora sabiduría y ciencia, para presentarme delante de este pueblo; porque ¿quién podrá gobernar a este tu pueblo tan grande?" (2 Crónicas 1:10).

Hemos visto que Salomón amaba a el Señor y que era obediente a sus mandamientos. El ser obediente a los mandamientos de Dios conlleva conocimiento y estudio de los mismos, así como el reconocimiento de que es Dios el que da la sabiduría. Por lo tanto, Salomón entendía que necesitaba de sabiduría y ciencia para gobernar al pueblo y juzgar como era debido. El Señor se agradó de la petición de Salomón y, como resultado, le dio mucho más abundantemente de lo que pidió (Efesios 3:20):

> Y dijo Dios a Salomón: Por cuanto hubo esto en tu corazón, y no pediste riquezas, bienes o gloria, ni la vida de los que te quieren mal, ni pediste muchos días, sino que has pedido para ti sabiduría y ciencia para gobernar a mi pueblo, sobre el cual te he puesto por rey, sabiduría y ciencia te son dadas; y también te daré riquezas, bienes y gloria, como nunca tuvieron los reyes que han sido antes de ti, ni tendrán los que vengan después de ti. (2 Crónicas 1: 11-12).

Y, en 1Reyes 3:14, también le promete larga vida si se mantiene obediente a los mandamientos de Dios. En resumen, Dios le otorga a Salomón sabiduría, ciencia, riquezas, propiedades, gloria y larga vida.

No pasaría mucho tiempo sin que se le presentara la oportunidad de poder confirmar ante otros la sabiduría que Dios le había dado. El primer reto que aparece registrado en la Palabra, y que tiene el Rey Salomón, es el de las dos mujeres protitutas que vienen a él; una de ellas acusaba a la otra de haberle cambiado el niño muerto por su hijo vivo mientras dormía. No sabiendo quién decía la verdad, el rey mandó traer una espada y dio órdenes de que partieran al niño vivo por la mitad y le dieran una mitad a una y la otra mitad a la otra. Inmediatamente, la verdadera madre pidió clemencia por el niño. "Entonces el rey respondió y dijo: Dad a aquélla el hijo vivo, y no lo matéis; ella es su madre" (1 Reyes 3:27). Y nos dice la Escritura que "Y todo Israel oyó aquel juicio que había dado el rey; y temieron al rey, porque vieron que había en él sabiduría de Dios para juzgar" (1 Reyes 3:28).

La sabiduría de Salomón se extendió por toda la Tierra y la reina de Sabá, cuando oyó de la fama de Salomón, vino a verle para probarle con preguntas difíciles, las cuales, de acuerdo con la Palabra, fueron todas contestadas:

> Y cuando la reina de Sabá vio toda la sabiduría de Salomón, y la casa que había edificado, asimismo la comida de su mesa, las habitaciones de sus oficiales, el estado y los vestidos de los que le servían, sus maestresalas, y sus holocaustos que ofrecía en la casa de Jehová, se quedó asombrada. (1 Reyes 10:4-5).

Si analizamos estos versículos, vemos que la reina de Sabá, además de asombrarse de los detalles espirituales, como lo es el holocausto, estaba maravillada, no solo de la construcción, sino de los elementos artísticos que había en la casa, las habitaciones y hasta en los vestidos de los que le servían. Y reconoció que lo que había visto no era ni la mitad de lo que le habían contado. Sin embargo, su asombro no se queda solo en el área de reconocer la sabiduría, riquezas y cosas hermosas que poseía Salomón. Nos dice la *Biblia* que la reina llama bienaventurados a los hombres y siervos que están continuamente delante de Salomón y pueden oír de su sabiduría (1 Reyes 10:8). Pero más aún, alaba y glorifica el nombre de el Señor: "Jehová tu Dios sea bendito, que se agradó de ti para ponerte en el trono de Israel; porque Jehová ha amado siempre a Israel, te ha puesto por rey, para que hagas derecho y justicia" (1 Reyes 10:9).

EL PROFETA DANIEL

Daniel es otro ejemplo de un individuo en el cual Dios deposita su espíritu de sabiduría. Daniel reconoce que la sabiduría viene de Dios y le da las gracias por ello:

Y Daniel habló y dijo: Sea bendito el nombre de Dios de siglos en siglos, porque suyos son el poder y la sabiduría [chokmah].

Él muda los tiempos y las edades; quita reyes, y pone reyes; da la sabiduría [chokmah] a los sabios, y la ciencia a los entendidos.

Él revela lo profundo y lo escondido; conoce lo que está en tinieblas, y con él mora la luz.

A ti, oh Dios de mis padres, te doy gracias y te alabo, porque me has dado sabiduría [chokmah] y fuerza, y ahora me has revelado lo que te pedimos; pues nos has dado a conocer el asunto del rey. (Daniel 2: 20-23).

Sin embargo, los que fueron testigos de cómo el espíritu de sabiduría se movía en Daniel, le llamaron también espíritu de excelencia o un excelente espíritu. En el capítulo 5 de Daniel vemos que el rey Belsasar hizo un banquete; para ello usó los vasos de oro y plata que el rey Nabucodonosor había traído del templo de Jerusalén y con ellos "bebieron vino, y alabaron á los dioses de oro y de plata, de bronce, de hierro, de madera, y de piedra" (versículo 4). Fue entonces que salió una mano de hombre que escribió sobre la pared, lo cual estremeció al rey, al no entender lo que decía. Entonces, "El rey gritó en alta voz que hiciesen venir magos, caldeos y adivinos; y dijo el rey a los sabios de Babilonia: Cualquiera que lea esta escritura y me muestre su interpretación, será vestido de púrpura, y un collar de oro llevará en su cuello, y será el tercer señor en el reino" (Daniel 5:7). A pesar de las promesas ofrecidas, ninguno pudo interpretar la escritura. Sin embargo, la reina había oído de Daniel:

> En tu reino hay un hombre en el cual mora el espíritu de los dioses santos, y en los días de tu padre se halló en él luz e inteligencia y sabiduría [*chokmah*] como sabiduría [*chokmah*] de los dioses; al que el rey Nabucodonosor tu padre, oh rey, constituyó jefe sobre todos los magos, astrólogos, caldeos y adivinos,

> por cuanto fue hallado en él mayor [*yattiyr*] espíritu y ciencia y entendimiento, para interpretar sueños y descifrar enigmas y resolver dudas; esto es, en Daniel, al cual el rey puso por nombre Beltsasar. Llámese, pues, ahora a Daniel, y él te dará la interpretación.

> Entonces Daniel fue traído delante del rey. Y dijo el rey a Daniel: ¿Eres tú aquel Daniel de los hijos de la cautividad de Judá, que mi padre trajo de Judea?

> Yo he oído de ti que el espíritu de los dioses santos está en ti, y que en ti se halló luz, entendimiento y mayor [*yattiyr*] sabiduría. (Daniel 5:11-14).

El origen de las palabras "mayor" y "abundancia" viene del arameo *yattiyr*[6] y quiere decir "extraordinario", "excelente"; en otras palabras, ellos entendían que había en Daniel un excelente espíritu, un espíritu más excelente o un espíritu de excelencia. Un espíritu de una calidad superior a todo lo que hasta ese entonces ellos habían visto. Así que podemos observar cómo el espíritu de excelencia está ligado al espíritu de sabiduría, el cual, a su vez, viene del Espíritu de Dios. Daniel pudo hacer la interpretación de la escritura en la pared y esa misma noche el rey Belsasar fue muerto y Darío de Media tomó el reino, quedando confirmada de esa forma la interpretación de Daniel. Darío comenzó una reorganización del reino, nombrando a 120 gobernantes para que administrasen todo el reino y sobre ellos puso tres gobernadores, de los cuales Daniel era uno. Y continúa narrando la *Biblia*: "Pero Daniel mismo era superior a estos sátrapas y gobernadores, porque había en él un espíritu superior; y el rey pensó en ponerlo sobre todo el reino" (Daniel 6:3).

Podemos ver cómo la sabiduría capacitó a José para preservar la vida del pueblo egipcio y la de su familia, convirtiéndolo en la segunda autoridad, luego del faraón; cómo capacitó a Salomón para juzgar y gobernar; a Daniel para interpretar el mensaje de Dios e instruir gobernantes y a Bezalel para construir el Tabernáculo. Todo eso me hace entender que no importa cuál sea el llamado, la sabiduría (*chokmah*) es uno de los fundamentos esenciales. Y como resultado, aquellos que te rodean van a reconocer a Dios en ti.

BUSCA LA SABIDURÍA

Dios mismo, a través de su Palabra, nos exhorta a buscar y obtener la sabiduría, así que tiene que ser importante, esencial. Realmente es algo que Dios quiere darnos. "Adquiere sabiduría", nos dice en Proverbios 4:5; y luego vuelve y nos repite: "Sabiduría, ante todo; adquiere sabiduría" (Proverbios 4:7). La palabra "adquiere" nos viene del hebreo *qanah*[7] que quiere decir "obtener, adquirir, comprar, poseer". En otras palabras, obtén sabiduría, posee sabiduría y si es posible, compra la sabiduría. Esto requiere esfuerzo. Esto trae a mi memoria Proverbios 23:23, "Compra [*qanah*] la verdad, y no la vendas". Es más, la misma sabiduría nos está buscando, llamándonos, clamando por nosotros, en especial, si te encuentras entre los que carecen o tienen falta de sabiduría. En otras palabras, la sabiduría anda en busca de los simples o de los que la carecen:

> La sabiduría clama en las calles,
> Alza su voz en las plazas;
> Clama en los principales lugares de reunión;
> En las entradas de las puertas de la ciudad dice sus razones.
> ¿Hasta cuándo, oh simples, amaréis la simpleza,

Y los burladores desearán el burlar,
Y los insensatos aborrecerán la ciencia? (Proverbios 1: 20-22).

Y esa búsqueda y clamor de la sabiduría por nosotros, nos dice Salomón, el escritor de Proverbios, es por distintos lugares, así que no hay excusas para no encontrarla porque se hace accesible a nosotros:

¿No clama la sabiduría,
Y da su voz la inteligencia?
En las alturas junto al camino,
A las encrucijadas de las veredas se para;
En el lugar de las puertas, a la entrada de la ciudad,
A la entrada de las puertas da voces:
Oh hombres, a vosotros clamo;
Dirijo mi voz a los hijos de los hombres.
Entended, oh simples, discreción;
Y vosotros, necios, entrad en cordura. (Proverbios 8: 1-5).

Y Salomón nos continúa diciendo que no solo la sabiduría salió en busca de nosotros con gran clamor y llanto, sino que también envió a sus criados: "La sabiduría edificó su casa, labró sus siete columnas […]. Envió sus criadas; Sobre lo más alto de la ciudad clamó: dice a cualquiera simple: Ven acá" (Proverbios 9:1, 3-4).

Así que entiendo, que adicional a que Dios mismo nos da el Espíritu de sabiduría, la sabiduría como tal nos anda buscando. Tal vez estas sean solo imágenes poéticas usadas por Salomón, pero las mismas enfatizan el deseo de Dios de que nosotros adquiramos sabiduría. Me parece una hermosa imagen, dándonos a entender que la sabiduría realmente está a nuestro alcance. Que no es algo que está para un grupo en particular o para personas con altos grados académicos. Al contrario, estos pasajes hacen énfasis y señalan a los simples: "¿Hasta cuándo, oh simples, amaréis la simpleza […] ?" (Proverbios 1:22a). Y repite luego: "cualquier simple: Ven acá" (Proverbios 9:4a). Así que no hay excusas. La sabiduría se hace accesible a aquellos que la aman, que realmente la desean obtener: "Yo amo á los que me aman; Y me hallan los que madrugando me buscan" (Proverbios 8:17).

QUIÉN NOS DA LA SABIDURÍA

Todo lo que nos habla la *Biblia* sobre la sabiduría me parece apetecible. Anhelo la sabiduría, esa que Jehová da: "El provee de sana sabiduría á los rectos; Es escudo a los que caminan rectamente" (Proverbios 2:7). Y hago énfasis en "la sabiduría que Jehová da", porque leyendo en el libro de Santiago descubrí que hay dos tipos de sabiduría: una sabiduría espiritual y una diabólica. Sobre la sabiduría diabólica nos dice:

> ¿Quién es sabio y entendido entre vosotros? Muestre por la buena conducta sus obras en sabia mansedumbre. Pero si tenéis celos amargos y contención en vuestro corazón, no os jactéis, ni mintáis contra la verdad; porque esta sabiduría no es la que desciende de lo alto, sino terrenal, animal, diabólica. Porque donde hay celos y contención, allí hay perturbación y toda obra perversa. (Santiago 3:13-16).

Y sobre la sabiduría espiritual, nos dice que el que es sabio y entendido va a mostrarla a través de la buena conducta y en mansedumbre: "Pero la sabiduría que es de lo alto es primeramente pura, después pacífica, amable, benigna, llena de misericordia y de buenos frutos, sin incertidumbre ni hipocresía. Y el fruto de justicia se siembra en paz para aquellos que hacen la paz" (Santiago 3:17-18).

DÓNDE BUSCAR LA SABIDURÍA

Así que estamos buscando dónde hallar la sabiduría espiritual, la que, como dice Santiago, viene de lo alto. Y me hago eco de las palabras de Job 28:12: "¿dónde se hallará la sabiduría?". Creo que, si realmente conociéramos el valor e importancia que tiene la sabiduría para nuestras vidas personales, para nuestro arte, no descansaríamos hasta encontrarla; pero "no conoce su valor el hombre" (versículo 13). Y vuelvo y pregunto: ¿dónde se encuentra? Job nos continúa diciendo que no se halla en la tierra de los vivientes, ni puede ser comprada con dinero o intercambiada por alhajas preciosas:

> El abismo dice: No está en mí;
> Y el mar dijo: Ni conmigo. No se dará por oro,
> Ni su precio será a peso de plata.
> No puede ser apreciada con oro de Ofir,
> Ni con ónice precioso, ni con zafiro.
> El oro no se le igualará, ni el diamante,
> Ni se cambiará por alhajas de oro fino.
> No se hará mención de coral ni de perlas;
> La sabiduría es mejor que las piedras preciosas.
> No se igualará con ella topacio de Etiopía;
> No se podrá apreciar con oro fino. (Job 28:14-19).

Y sigue Job preguntándose "¿De dónde, pues, vendrá la sabiduría?". Él entiende que la sabiduría está encubierta, oculta a todo ser viviente, por eso es por lo que hay que adquirirla, lo que implica cierto tipo de esfuerzo de nuestra parte. Solo Dios puede guiarnos hacia la sabiduría:

> Dios entiende el camino de ella,
> Y conoce su lugar.
> Porque él mira hasta los fines de la tierra,
> Y ve cuanto hay bajo los cielos.
> Al dar peso al viento,
> Y poner las aguas por medida;
> Cuando él dio ley a la lluvia,
> Y camino al relámpago de los truenos,
> Entonces la veía él, y la manifestaba;
> La preparó y la descubrió también. (Job 28:23-27).

Y Job concluye su discurso sobre la búsqueda de la sabiduría diciéndonos que Dios dijo al hombre: "He aquí que el temor del Señor es la sabiduría" (Job 28:28). Lo cual reitera David cuando escribe: "El principio de la sabiduría es el temor de Jehová;

Buen entendimiento tienen todos los que practican sus mandamientos; Su loor permanece para siempre" (Salmo 111:10). Y Salomón nos repite nuevamente: "El temor de Jehová es el principio de la sabiduría" (Prov. 9:10). Y aún añade que "El temor de Jehová es aborrecer el mal; La soberbia y la arrogancia, el mal camino, Y la boca perversa, aborrezco" (Proverbios 8:13). Queda establecido por la boca de tres testigos que el temor de Jehová es el principio de la sabiduría. Ahora nos queda descubrir qué es el temor de Jehová. Y Salomón nos dice cómo entenderlo:

> Hijo mío, si recibieres mis palabras,
> Y mis mandamientos guardares dentro de ti,
> Haciendo estar atento tu oído a la sabiduría;
> Si inclinares tu corazón a la prudencia,
> Si clamares a la inteligencia,
> Y a la prudencia dieres tu voz;
> Si como a la plata la buscares,
> Y la escudriñares como a tesoros,
> Entonces entenderás el temor de Jehová,
> Y hallarás el conocimiento de Dios.
> Porque Jehová da la sabiduría,
> Y de su boca viene el conocimiento y la inteligencia.
> El provee de sana sabiduría a los rectos;
> Es escudo a los que caminan rectamente. (Proverbios 2:1-7).

La palabra "temor" viene del hebreo *yir'ah*[8] que significa "reverencia". Es esta reverencia, veneración, devoción, amor y respeto a Dios que nos hace sabios. Porque el amar a Dios es manifiesto a través de estar atentos a su voz y guardar sus Palabras. Cuando amas, estás atento a todo lo que la persona amada dice o hace y es tu mayor anhelo agradarle en todo, demostrarle que es importante para ti. Salomón había sido testigo de ello: "Mas Salomón amó á Jehová, andando en los estatutos de su padre David" (1 Reyes 3:3). Él había experimentado la sabiduría que se adquiere al estudiar diligentemente la Palabra de Dios. Es por ello por lo que entiendo que cuando Dios en sueños le habla y le dice que pida lo que quiera, Salomón tenía un fundamento. Él amaba a Dios, era obediente a su palabra y entendía que "Jehová da la sabiduría". Salomón sabía que la sabiduría es parte del Espíritu de Dios. Él tuvo que darse cuenta de que después del sueño donde Dios le responde afirmativamente a su petición de sabiduría, esta comienza a manifestarse en su vida. Estoy segura de que él fue el primero en sorprenderse, y tal vez se dijo a sí mismo: "Esto tuvo que haber sido Jehová porque a mí no se me hubiera ocurrido". Veamos nuevamente el caso del niño con las dos prostitutas. Él no tuvo oportunidad de llevar a cabo una investigación, o pruebas de ADN; Dios, en el proceso, trajo ese pensamiento súbito, la iluminación que te indica qué hacer cuando no sabes qué hacer.

Pero ¿dónde conseguir esa sabiduría? La *Biblia* nos dice: "Con Dios está la sabiduría y la fortaleza; Suyo es el consejo y la inteligencia" (Job 12:13). ¿Cómo conseguirla? ¿Cómo adquirirla? En respuesta a ello, Santiago nos dice "Y si alguno de vosotros tiene falta de sabiduría, pídala a Dios, el cual da a todos abundantemente y sin reproche, y le será dada. Pero pida con fe, no dudando nada; porque el que duda es semejante a la onda del mar, que es arrastrada por el viento y echada de una parte a otra" (Santiago 1: 5-6). Es interesante notar cómo el temor o reverencia a Jehová y la búsqueda de la sabiduría se convierten en un movimiento circular ascendente donde el temor a Jehová es el principio de la sabiduría. Pero una vez que tengas sabiduría, entenderás lo que es el temor a Jehová con mayor profundidad. El temor de Jehová es el principio de la sabiduría, pero para entender el temor o reverencia a Jehová debes buscar la sabiduría, anhelarla, estudiarla.

En Proverbios 3:1 se nos dice: "Hijo mío, no te olvides de mi ley, Y tu corazón guarde mis mandamientos"; y en Proverbios 4:10 se nos dice: "Oíd, hijos, la enseñanza de un padre, Y estad atentos, para que conozcáis cordura". Por lo tanto, la sabiduría se encuentra en conocer y guardar la Palabra de Dios y ese conocimiento de la Palabra nos revela el temor y reverencia a Dios. Cuanto mayor temor y reverencia de Dios, más búsqueda y estudio de la Palabra. No es un acto pasivo, requiere estudio y esfuerzo. Por lo tanto, la sabiduría tiene su origen en Dios y emerge del estudio de su Palabra y ella nos lleva a él.

La palabra es luz, por lo tanto, me alumbra, me hace ver las cosas que no veía en obscuridad, "La exposición de tus palabras alumbra; Hace entender a los simples" (Salmo 119:130). Cuando no sabes qué hacer, ya que la ignorancia es como la obscuridad, la respuesta puede estar frente a ti, pero si está oscuro y no la ves, no sabrás qué hacer. Por lo tanto, la luz es como la sabiduría: "Resplandeció en las tinieblas luz á los rectos" (Salmo 112:4a). La Palabra de Dios va delante de mí y alumbra mi camino, "Lámpara es a mis pies tu palabra, Y lumbrera á mi camino" (Salmo 119:105). La sabiduría te hace resplandecer, es como si emanara luz de ti: "¿Quién como el sabio?, ¿y quién como el que sabe la declaración de las cosas? La sabiduría del hombre ilumina su rostro, y la tosquedad de su semblante se mudará" (Eclesiastés. 8:1).

BENEFICIOS DE LA SABIDURÍA

La sabiduría nos promete, entre otras cosas, guardarnos, conservarnos, engrandecernos o promovernos, honrarnos, darnos gracia ante otros y años de vida:

> Sabiduría ante todo; adquiere sabiduría;
> Y sobre todas tus posesiones adquiere inteligencia.
> Engrandécela, y ella te engrandecerá;
> Ella te honrará, cuando tú la hayas abrazado.
> Adorno de gracia dará a tu cabeza;
> Corona de hermosura te entregará.
> Oye, hijo mío, y recibe mis razones,
> Y se te multiplicarán años de vida. (Proverbios 4:7-10).

Por lo tanto, si exaltamos y honramos a la sabiduría, o sea, si le damos un lugar de prominencia y respeto en nuestras vidas, a cambio de ello, ella nos levantará, promoverá, celebrará y nos honrará.

Además de lo antes mencionado, dice la Palabra que feliz, "bienaventurado el hombre que halla la sabiduría" (Proverbios 3:13). Ya que obtener sabiduría es mejor que obtener riquezas porque te da mucho, muchísimo más que estas. Continuamente enfatiza que la sabiduría da larga vida, honra, una vida cómoda, paz y, como si esto fuera poco, también da riquezas:

> Porque su ganancia es mejor que la ganancia de la plata,

Y sus frutos más que el oro fino.
Más preciosa es que las piedras preciosas;
Y todo lo que puedes desear, no se puede comparar a ella.
Largura de días está en su mano derecha;
En su izquierda, riquezas y honra.
Sus caminos son caminos deleitosos,
Y todas sus veredas paz.
Ella es árbol de vida a los que de ella echan mano,
Y bienaventurados son los que la retienen. (Proverbios 3:14-18).

Es irónico conocer que hay quienes desechan la sabiduría por ir en busca de riquezas; sin embargo, la *Biblia* nos dice que el que busca la sabiduría obtiene también con ella las riquezas. La sabiduría es cosa deliciosa, agradable, dulce, deleitosa; en fin, es algo bueno y produce confianza:

Inclina tu oído y oye las palabras de los sabios,
Y aplica tu corazón a mi sabiduría;
Porque es cosa deliciosa,
si las guardares dentro de ti;
Si juntamente se afirmaren sobre tus labios.
Para que tu confianza sea en Jehová,
Te las he hecho saber hoy a ti también. (Proverbios 22:17-19).

La sabiduría me ayuda a obtener éxito, será mi recompensa, me hará bien y mi esperanza tendrá un futuro, ya que no seré cortado o mutilado, Y vuelve y enfatiza que la sabiduría es buena y dulce como la miel:

Porque si dijeres: Ciertamente no lo supimos,
¿Acaso no lo entenderá el que pesa los corazones?
El que mira por tu alma, él lo conocerá,
Y dará al hombre según sus obras.
Come, hijo mío, de la miel, porque es buena,
Y el panal es dulce a tu paladar.
Así será a tu alma el conocimiento de la sabiduría;
Si la hallares tendrás recompensa,

Y al fin tu esperanza no será cortada. (Proverbios 24:12-14).

Los Proverbios continuamente nos recuerdan los beneficios de la sabiduría. Como vimos en el ejemplo de José, Salomón y Daniel, la sabiduría nos ayuda a gobernar, nos ayuda a juzgar y, al hacerlo, lo hacemos de una forma sólida, consistente:

> Por mí reinan los reyes,
> Y los príncipes determinan justicia.
> Por mí dominan los príncipes,
> Y todos los gobernadores juzgan la tierra […].
> Las riquezas y la honra están conmigo;
> Riquezas duraderas, y justicia […].
> Por vereda de justicia guiaré,
> Por en medio de sendas de juicio (Proverbios 8:15-16, 18, 20).

Y más aún, la sabiduría nos promete que al que la guarde, atesore, ame, al que la proteja —lo cual implica tener la sabiduría en gran estima, ser estudioso de ella, anhelarla— ella le recompensará dándole vida y el favor de Jehová. No así a los que no aprecian la sabiduría; para estos, el no amar la sabiduría es lo mismo que amar a la muerte:

> Ahora, pues, hijos, oídme,
> Y bienaventurados los que guardan mis caminos […].
> Bienaventurado el hombre que me escucha,
> Velando a mis puertas cada día,
> Aguardando a los postes de mis puertas.
> Porque el que me halle, hallará la vida,
> Y alcanzará el favor de Jehová.
> Mas el que peca contra mí, defrauda su alma;
> Todos los que me aborrecen aman la muerte. (Proverbios 8:32, 34-36).

Y, continúa diciendo Salomón, que el hombre que se extravía o que se aparta del camino de la sabiduría "Vendrá á parar en la compañía de los muertos" (Proverbios 21:16). Por el contrario, tener sabiduría nos promete largura de días, "Porque por mí se aumentarán tus días, y años de vida se te añadirán" (Proverbios 9:11).

Y todavía nos dice más: "Mejor es la sabiduría que la fuerza" (Eclesiastés 9:16a). Si sabemos lo que tenemos que hacer, no solo evitamos tener que poner fuerza física adicional al trabajo o proyecto que estamos haciendo, sino también fuerzas mentales, emocionales, psicológicas. La sabiduría nos sirve para construir, y aquí el concepto de casa puede ser simbólico. La casa puede ser nuestro trabajo, carrera, vocación o simplemente un proyecto. "Con sabiduría se edificará la casa, y con prudencia se afirmará" (Proverbios 24:3). Y Eclesiastés 10:10 nos dice: "Si se embotare el hierro, y su filo no fuere amolado, hay que añadir entonces más fuerza; pero la sabiduría es provechosa para dirigir". Por ejemplo, si ponemos atención a la primera etapa del proyecto —la etapa de planificación— y pedimos por sabiduría, entonces, cuando entramos a la etapa de realizar el proyecto, este va a moverse con mayor facilidad y ligereza porque durante la etapa de planificación estudiamos todos los aspectos de este y tuvimos sabiduría para ver posibles errores, problemas, retos y corregirlos. Es importante no aligerar el comienzo, no acelerar la etapa de planificación, pero sobre todo es importante buscar la dirección de la sabiduría. Es fundamental dedicar tiempo adicional a esta primera etapa planeando, orando, pensando y meditando en ella, ya que de esta forma podemos hacer los ajustes necesarios. "La ciencia del prudente está en entender su camino; Mas la indiscreción de los necios es engaño" (Proverbios 14:8). Sabiduría es saber lo que tienes que hacer y cuándo lo tienes que hacer. La sabiduría te ayudará a lograr más en menos tiempo. La sabiduría te ayuda a tener éxito en todas tus empresas, en todos tus proyectos artísticos.

Sabiduría es saber qué hacer cuando no sabes qué hacer. Cuando estás frente a un grupo de actores y de pronto no sabes cómo resolver el movimiento escénico porque el escenario es más grande o pequeño de lo que te dijeron, o cuando no logras identificar qué es lo que no está funcionando apropiadamente dentro de la puesta en escena, es entonces que la sabiduría —la cual no es conocimiento, sino la habilidad de usar el conocimiento— te indica lo que debes hacer. La sabiduría dada a través de la palabra de Dios facilita nuestro trabajo. Cuando el hombre pecó y cayó de la gracia de Dios, todo se le complicó, inclusive la forma de hacer su trabajo: "Con el sudor de tu rostro comerás el pan hasta que vuelvas a la tierra, porque de ella fuiste tomado; pues polvo eres, y al polvo volverás" (Génesis 3:19). Por el contrario, en Lucas 5, Jesús le dice a Pedro que eche las redes a la mar y Pedro le responde que han estado pescando toda la noche sin tener éxito alguno; sin embargo, le dice: "Maestro, toda la noche hemos estado trabajando, y nada hemos pescado; mas en tu palabra echaré la red. Y habiéndolo hecho, encerraron gran cantidad de peces, y su red se rompía". La palabra de sabiduría dada por Jesús facilitó el trabajo.

PARA QUIÉN ES LA SABIDURÍA

Si la sabiduría se obtiene del temor a Jehová y del estudio de su palabra, quiere decir que está reservada para los que aman a Dios y para nosotros:

Él provee de sana sabiduría a los rectos;
Es escudo a los que caminan rectamente.
Es el que guarda las veredas del juicio,
Y preserva el camino de sus santos.
Entonces entenderás justicia, juicio
Y equidad, y todo buen camino.
Cuando la sabiduría entrare en tu corazón,
Y la ciencia fuere grata a tu alma,
La discreción te guardará;
Te preservará la inteligencia,
Para librarte del mal camino,
De los hombres que hablan perversidades (Proverbios 2: 7-12).

Es interesante notar cómo la sabiduría siempre va acompañada de la justicia. Si damos una ojeada a Isaías 11, donde nos habla del espíritu de sabiduría, vemos que en los versículos 3 y 4 nos dice: "no juzgará según la vista de sus ojos, ni argüirá por lo que oigan sus oídos; Sino que juzgará con justicia á los pobres".

Como hijos de Dios, nacidos de nuevo, la sabiduría nos pertenece, ya que en Cristo Jesús somos justificados; pero también nos dice la *Biblia* que Jesús se hizo por nosotros sabiduría y, si estamos en Cristo, tenemos todos sus atributos. Por lo tanto, yo soy sabia porque Dios, a través de Jesús, me hizo sabia: "Mas por él estáis vosotros en Cristo Jesús, el cual nos ha sido hecho por Dios sabiduría, justificación, santificación y redención" (1Corintios 1:30). Por lo tanto, la sabiduría está disponible para mí, está guardada para mí y soy sabia en Cristo Jesús. Pero, el que la *Biblia* diga que soy sabia en Jesús no elimina mi responsabilidad de estudio y búsqueda, sino que entiendo que voy a estudiar y a buscar la sabiduría de forma positiva. Estoy estudiando y buscando una sabiduría que me fue dada, y lo que estoy haciendo es activar lo que yo sé que me pertenece. Muy diferente a cuando estudiamos desde una perspectiva negativa, sin una esperanza o pensando que no tenemos las posibilidades de alcanzar la sabiduría, porque carecemos de estudios avanzados o no tenemos lo que pensamos que nos hace falta.

Dios desea darnos la sabiduría. A través de su palabra nos instruye cómo obtenerla: Bezalel la obtuvo al ser llamado y llenado del Espíritu de Dios en sabiduría; Job, David y Salomón nos dicen que el principio de la sabiduría es el temor de Jehová; Proverbios nos señala la Palabra de Dios como un medio para obtener sabiduría; Salomón se la pidió a Dios; Josué, hijo de Nun, fue lleno del espíritu de sabiduría porque Moisés había puesto sus manos sobre él (Deuteronomio 34:9) y el apóstol Pablo nos señala que hemos sido hechos por Dios, sabiduría en Cristo Jesús (1 Corintios 1:30). Finalmente, Santiago 1:5 nos dice: "Y si alguno de vosotros tiene falta de sabiduría, pídala a Dios, el cual da a todos abundantemente y sin reproche, y le será dada".

NOTAS:

[1]*Blue Letter Bible*. "Dictionary and Word Search for chokmah (Strong's 2451)". Blue Letter Bible. 1996-2012. 11 Dec 2012. <http://www. blueletterbible. org/lang/lexicon/lexicon. cfm? Strongs=H2451&t=KJV >.

[2]_____. "Dictionary and Word Search for yattiyr (Aramaic) (Strong's 3493)". Blue Letter Bible. 1996-2012. 11 Dec2012. <http://www. blueletterbible. org/lang/lexicon/ lexicon. cfm? Strongs=H3493&t=KJV >.

[3]_____. "Dictionary and Word Search for qanah (Strong's 7069)". Blue Letter Bible. 1996-2012. 11 Dec 2012. < http:// www. blueletterbible. org/lang/lexicon/lexicon. cfm? Strongs=H7069&t=KJV >.

[4]_____. "Dictionary and Word Search for yir'ah (Strong's 3374)". Blue Letter Bible. 1996-2012. 11 Dec 2012. < http:// www. blueletterbible. org/lang/lexicon/lexicon. cfm? Strongs=H3374&t=KJV >.

¿ARTISTA?

CAPÍTULO 3

INTELIGENCIA
Discernimiento creativo

> "…y lo he llenado del Espíritu de Dios, en sabiduría
> y en inteligencia"
> Éxodo 31:3

DISTINGUIENDO LO VERDADERO DE LO FALSO

Esta es una de mis palabras favoritas; con sabiduría e inteligencia/entendimiento, no hay quien te detenga. Y el Señor lo sabe, así que lo incluyó en el poderoso paquete de regalos que le dio a Bezalel: "y lo he llenado del Espíritu de Dios, en sabiduría y en inteligencia (Éxodo 31:3c). Ya hemos visto dos de los regalos de Dios a Bezalel: el Espíritu de Dios y la sabiduría, ahora le añade la inteligencia o entendimiento. Exploremos, entonces, el significado y los beneficios de la inteligencia y/o el entendimiento y cómo hacerlo nuestro.

"Inteligencia" es una palabra que nos viene del hebreo, *tabuwn*.[1] Usualmente es traducida como "inteligencia" y "entendimiento". Para aquellos a quienes les gusta explorar el significado de ciertas palabras claves en hebreo porque ello nos

45

amplía la interpretación del versículo, quiero indicar que hay otra palabra hebrea para inteligencia y es *biynah*.[2] Tanto la palabra hebrea *tabuwn* como *biynah* vienen de la raíz primitiva *biyn*.[3] Esta quiere decir "separar mentalmente" o "distinguir, entender, considerar, diligente, discernir, elocuente, informar, instruir, tener inteligencia, saber, percibir, ser prudente, enseñar, pensar".

De acuerdo con el diccionario *Webster*, la inteligencia es el acto de saber o comprender, es el poder conocer o entender la información, y aun el mismo diccionario ve la inteligencia como un regalo o donación. Una persona inteligente es una persona hábil, una persona con entendimiento; o sea, que puede distinguir o discernir lo verdadero de lo falso. Una persona que puede interpretar y explicar lo que conoce de su arte o materia. Y la *Enciclopedia Británica* nos la define como "cualidad mental que consiste en la capacidad de aprender de la experiencia, adaptarse a nuevas situaciones, comprender y manejar conceptos abstractos, y utilizar el conocimiento para manipular el entorno". Dios le dio a Bezalel el regalo de la inteligencia para poder resolver los problemas con los cuales se iba a confrontar durante el desarrollo del proyecto de la construcción del Tabernáculo.

El artista necesita tener capacidad para resolver problemas complejos y debe poner cuidado y atención a lo que hace. Por ejemplo, cuando dirijo una obra de teatro, tengo la responsabilidad de leer el texto dramático y hacer una interpretación artística del mismo. Esto me requiere cierta capacidad de análisis, de conocimiento sobre el arte de dirigir, conocimiento sobre lo que es una obra de teatro, poder descifrar cuál es la intención del escritor y cómo trasmitirla al público, entre otras cosas. Estoy segura de que, aunque Dios había dado el diseño del Tabernáculo a Moisés, Bezalel se enfrentó con momentos donde tenía que hacer uso de su conocimiento sobre los metales, la madera, la interpretación del diseño y discernir si se podía tomar alguna libertad artística y dónde estaban establecidos los límites.

Entiendo, entonces, que el que Dios le hablara a Moisés sobre la capacitación que había dado a Bezalel es para mí motivo de exploración y estudio. ¿Qué encierran palabras como "sabiduría" e "inteligencia", que son específicamente mencionadas por Dios con relación a Bezalel? Es por ello mi deseo de seguir explorando lo que nos dice la *Biblia* sobre ellas. Al decirle Jehová Dios a Moisés "Y lo he llenado [...] en inteligencia (*tabuwn*)", yo infiero que la inteligencia, como la sabiduría, también es un regalo de Dios; pero que requiere, al igual que la sabiduría, una búsqueda seria, además del deseo de obtenerla, de esfuerzo y de dedicación. Esa búsqueda nos llevará a Dios porque en Él está la inteligencia:

> Si clamares a la inteligencia [*biynah*],
> Y a la prudencia dieres tu voz;
> Si como a la plata la buscares,
> Y la escudriñares como a tesoros,
> Entonces entenderás el temor de Jehová,
> Y hallarás el conocimiento de Dios.
> Porque Jehová da la sabiduría,
> Y de su boca viene el conocimiento y la inteligencia [*tabuwn*]
> (Proverbios 2:3-6).

Continuando nuestro estudio sobre la inteligencia, encontramos en las Sagradas Escrituras que la inteligencia se puede conseguir a través del estudio de la Palabra de Dios: "de tus mandamientos he adquirido inteligencia" (Salmo 119:104). En la Palabra de Dios está la inteligencia. Salomón nos exhorta a alcanzar la sabiduría, sin embargo, nos enfatiza que junto con ella obtengamos la inteligencia, que la hagamos nuestra: "Adquiere sabiduría, adquiere inteligencia; [...]. Sabiduría ante todo; adquiere sabiduría; y sobre todas tus posesiones adquiere inteligencia" (Proverbios 4:5, 7). Ya que el adquirir, el obtener la inteligencia es más valioso que la plata (Proverbios16:16). Y no tan solo hay un beneficio intelectual o educativo para el que obtiene la inteligencia y el entendimiento, sino que también hay un beneficio espiritual, porque "el que posee entendimiento ama su alma; el que guarda la inteligencia hallará el bien" (Proverbios 19: 8). Y una vez que la hayas adquirido, no la vendas. O sea, no la intercambies por dinero u otro aparente beneficio o favor. Así de importante es: "Compra la verdad y no la vendas; la sabiduría, la enseñanza, y la inteligencia" (Proverbios 23:23).

DÓNDE CONSEGUIR LA INTELIGENCIA

Es interesante observar que Job, durante su discurso sobre la sabiduría, se pregunta no solo dónde se encuentra la sabiduría, sino que también se pregunta por la prudencia, que es otro de los aspectos de la inteligencia, ya que, en algunas traducciones, en vez de "inteligencia", aparece la palabra "prudencia": "Empero ¿dónde se hallará la sabiduría? ¿Y dónde está el lugar de la prudencia [*biynah*]?" (Job 28:12). Y continúa su discurso dándole énfasis a las preguntas sobre el origen (de dónde vienen) y la ubicación (dónde están). ¿De dónde pues vendrá la sabiduría? ¿Y dónde está el lugar de la inteligencia [*biynah*]?" (Job 28:20). Es como si las mismas estuvieran escondidas y fuera necesario conocer quién tiene la sabiduría y la inteligencia y dónde hay que ir a buscarlas. Casi al final de su discurso sobre la sabiduría menciona que "Dios entiende el camino de ella, Y él conoce su lugar" (Job 28:23). Es decir, la solución al enigma la tiene Dios. Y es entonces que Job nos revela lo que Dios le ha dicho: "Y dijo al hombre: He aquí que el temor del Señor es la sabiduría, Y el apartarse del mal la inteligencia [*biynah*]" (Job 28:28). Moisés le dice al pueblo, hablándole de los estatutos y decretos que él les había enseñado: "Guardadlos, pues, y ponedlos por obra: porque esta es vuestra sabiduría y vuestra inteligencia [*biynah*] ante los ojos de los pueblos, los cuales oirán todos estos estatutos, y dirán: Ciertamente pueblo sabio y entendido, nación grande es esta" (Deuteronomio 4:6). El guardar la palabra de Dios te hace sabio y entendido, te hace inteligente. De los mandamientos de Dios adquirimos la inteligencia, y lo contrario a los mandamientos de Dios está catalogado por el salmista como mentira, como algo falso: "De tus mandamientos he adquirido inteligencia [*biyn*]: Por tanto, he aborrecido todo camino de mentira" (Salmo 119:104).

El meditar en la Palabra de Dios produce entendimiento sobre cosas ocultas, encubiertas, veladas: "Mi boca hablará sabiduría; Y el pensamiento de mi corazón inteligencia [*tabuwn*]. Inclinaré al proverbio mi oído: Declararé con el arpa mi enigma" (Salmo 49:3-4). La palabra hebrea para pensamiento es *haguwth*,[4] que también quiere decir "meditación". Pero ¿qué es meditar?, algo que es clave en el proceso de adquirir inteligencia. Si investigamos un poco más, encontramos que la palabra hebrea para meditar es *hagah*,[5] que quiere decir "murmurar, reflexionar sobre, imaginar, gemir, gruñir, hablar". Por lo tanto, el reflexionar sobre la Palabra, el hablarla o repetirla me ayudará a entender, a resolver el secreto, el misterio, lo que no sé.

LOS BENEFICIOS DE LA INTELIGENCIA

Como resultado de haberle pedido inteligencia, Dios le dice a Salomón:

> Y le dijo Dios: Porque has demandado esto, y no pediste para ti muchos días, ni pediste para ti riquezas, ni pediste la vida de tus enemigos, sino que demandaste para ti inteligencia [biyn] para oír juicio,

> he aquí lo he hecho conforme a tus palabras; he aquí que te he dado corazón sabio y entendido [biyn], tanto que no ha habido antes de ti otro como tú, ni después de ti se levantará otro como tú.

> Y aun también te he dado las cosas que no pediste, riquezas y gloria, de tal manera que entre los reyes ninguno haya como tú en todos tus días.

> Y si anduvieres en mis caminos, guardando mis estatutos y mis mandamientos, como anduvo David tu padre, yo alargaré tus días. (1 Reyes 3:11-14).

Ya sabemos que Dios le dio a Salomón un corazón sabio y entendido, riquezas, glorias y larga vida. Y me llama la atención que Dios le diga "mas demandaste para ti inteligencia [biyn]". Parece que esta inteligencia que proviene de la raíz *biyn* está estrechamente relacionada con la palabra "justicia" o "juicio". No es la inteligencia que viene de la habilidad; es la inteligencia que proviene de *biyn*, de la capacidad de discernir entre el bien y el mal; en otras palabras, Salomón iba a tener discernimiento. Esa petición que hizo Salomón fue más allá de una simple oración o deseo. Demandar nos habla de súplica, de ruego, de implorar, de clamor. Es una petición que le llega a Dios con una carga emocional fuerte, porque es inteligencia para poder juzgar. Es saber escoger entre lo que es justo y lo injusto. Y el juzgar con rectitud está en el mismo corazón de Dios.

Esto me llama la atención, Dios le dice: "sino que demandaste para ti inteligencia [biyn] para oír juicio ". La palabra "demandaste" es la palabra hebrea *sha'al*,[6] que significa "solicitar, exigir". La pregunta de Salomón fue más allá de una simple oración o deseo. Solicitar habla de súplica, de súplica, y esta es una petición que llegó al Señor con una fuerte carga emocional porque estaba pidiendo comprensión para juzgar, elegir entre lo que era justo y lo que no, y juzgar con rectitud. El corazon de Dios

Estoy seguro de que Salomón entendió el profundo significado de la sabiduría y su conexión con la justicia, como lo vemos en 1 Rey. 3: 9: "Da, pues, a tu siervo corazón entendido para juzgar a tu pueblo, y para discernir entre lo bueno y lo malo; porque ¿quién podrá gobernar este tu pueblo tan grande? Tal vez Salomóm ya se había enfrentado a algunas situaciones en las que no sabía lo que tenía que hacer. Tal vez fue testigo de momentos en que el rey David no tuvo la solución para algunos de los problemas que enfrentó. También sé que, aunque Dios visitó a Salomón en sus sueños, el espíritu nunca duerme, y su espíritu pudo responder a la petición de Dios: "Pregúntame qué quieres de mí" (1 Reyes 3: 5b). Dios pudo ver el corazón de Salomón y su solicitud de juzgar con integridad.

Como nota al margen, puedo reconocer la conexión entre la sabiduría, el entendimiento y el juicio cuando el profeta Isaías profetizó acerca de los siete espíritus que descansarían sobre Jesús:

Y reposará sobre él el Espíritu de Jehová; espíritu de sabiduría y de inteligencia, espíritu de consejo y de poder, espíritu de conocimiento y de temor de Jehová.

Y le hará entender diligente en el temor de Jehová" (Isaías 11: 2-3a).

Y el resultado de ello será que:

No juzgará según la vista de sus ojos, ni argüirá por lo que oigan sus oídos;

sino que juzgará con justicia a los pobres, y argüirá con equidad por los mansos de la tierra; y herirá la tierra con la vara de su boca, y con el espíritu de sus labios matará al impío.

Y será la justicia cinto de sus lomos, y la fidelidad ceñidor de su cintura. (Isaías 11:3b-5).

La Inteligencia nos preserva, nos guarda de daño o peligro: "La discreción te guardará; te preservará la inteligencia [*tabuwn*]" (Proverbios 2:11). Por lo tanto, el escritor de Proverbios nos recomienda que mantengamos una relación íntima con ella, de tal manera que la hagamos parte de nuestra familia, para que seamos guardados, cuidados, conservados: "Y á la inteligencia [*biynah*] llama parienta" (Proverbios 7:4b). Esta relación con la inteligencia te hará bien, será beneficiosa para ti, porque "El que posee entendimiento, ama su alma; El que guarda la inteligencia [*tabuwn*] hallará el bien" (Proverbios 19:8). Las cosas te saldrán bien porque sabes lo que tienes que hacer, sabes tomar la decisión correcta y la satisfacción que ello produce te hará feliz: "Bienaventurado el hombre que halla la sabiduría, y que obtiene la inteligencia [*tabuwn*]" (Proverbios 3:13).

La inteligencia también produce prudencia, o sea, sensatez, cordura, madurez, reflexión y juicio, entre otras cosas "Y Dios dio a Salomón sabiduría [*chokmah*] y prudencia [*tabuwn*] muy grandes, y anchura de corazón como la arena que esta á la orilla del mar" (1 Reyes 4:29). Prudencia es el ejercicio del buen juicio para evitar complicaciones, dificultades. Así, por ejemplo, la manera en que trato a los artistas que trabajan conmigo evita muchas disensiones, desacuerdos y prepara el ambiente para la colaboración.

LA INTELIGENCIA Y LA CREACIÓN

Y al igual que la sabiduría, encontramos a la inteligencia presente en el proceso de la creación del mundo. Nos dice el Rey Salomón que los cielos fueron afirmados con inteligencia (Proverbios 3:19) y el profeta Jeremías afirma que Dios "extendió los cielos con su sabiduría" (Jeremías 10:12) y con inteligencia (Jeremías 51:15). Esto es serio. El Señor, hablando a través del profeta Jeremías, explicó dos veces, en diferentes ocasiones y usando las mismas palabras, *chokmah* (sabiduría) y *tabuwn* (discreción, entendimiento), cómo el Señor estableció el mundo durante el proceso de creación. Oremos por sabiduría y entendimiento para que nuestros trabajos artísticos puedan ser desarrollados, afirmados y prosperados. Esto me habla de una obra de arte bien fundada, conocida y difundida alrededor del mundo.

INTELIGENCIA/ENTENDIMIENTO Y LAS ARTES

La inteligencia está asociada a las artes; aquí veremos tres ejemplos diferentes en el uso de la inteligencia. Hiram, rey de Tiro, alabó a Jehová, el Dios de Israel, porque reconoció que Salomón estaba capacitado con la sabiduría e inteligencia necesarias para edificar la casa de Dios: "Y además decía Hiram: Bendito sea Jehová el Dios de Israel, que hizo los cielos y la tierra, y que dio al rey David hijo sabio, entendido, cuerdo y prudente, que edifique casa á Jehová, y casa para su reino" (2 Crónicas 2:12). Y como resultado, le envió un artista, llamado Hiram-abi, que era también entendido, inteligente y que sabía trabajar metales, maderas y telas. El cual también era escultor y diseñador:

> Yo, pues, te he enviado un hombre hábil y entendido [*biynah*], [...] el cual sabe trabajar en oro, plata, bronce y hierro, en piedra y en madera, en púrpura y en azul, en lino y en carmesí; asimismo sabe esculpir toda clase de figuras, y sacar toda forma de diseño que se le pida, con tus hombres peritos, y con los de mi señor David tu padre. (2 Crónicas 2:13-14).

Como contraste, vemos el testimonio del profeta Oseas. Este menciona la pericia de los artesanos. "Pericia" nos habla de habilidad. Sin embargo, esta habilidad en manos de artistas que carecen del temor de Dios produce un arte corrupto, un arte que no honra a Dios:

Y ahora añadieron a su pecado, y de su plata se han hecho según su entendimiento [*tabuwn*] imágenes de fundición, ídolos, toda obra de artífices, acerca de los cuales dicen los hombres que sacrifican, que besen los becerros. (Oseas 13:2)

Y como consecuencia Oseas les dice:

Por tanto, serán como la niebla de la mañana, y como el rocío de la madrugada que se pasa; como el tamo que la tempestad arroja de la era, y como el humo que sale de la chimenea. (Oseas 13:3)

Ellos emplearon su inventiva e iniciativa para construir ídolos. En este caso, diferente a lo que sucede con Bezalel, los artistas hacen ídolos "conforme a su entendimiento". La concepción de los ídolos estaba en la mente, en el intelecto del que lo iba a hacer. El artífice ideó lo que el ídolo iba a representar. Posiblemente debatió consigo mismo, rechazando ideas, tomando distintos tipos de decisiones, cambiando detalles, modificando ideas y todo según "su entendimiento". Su inteligencia lo imaginó y los artesanos lo construyeron. Lo que me hace recordar lo que dice David:

Los ídolos de ellos son plata y oro,
Obra de manos de hombres.
Tienen boca, mas no hablan;
Tienen ojos, mas no ven;
Orejas tienen, mas no oyen;
Tienen narices, mas no huelen;
Manos tienen, mas no palpan;
Tienen pies, mas no andan;
No hablan con su garganta.
Semejantes a ellos son los que los hacen,
Y cualquiera que confía en ellos. (Salmo 115:4-8).

Ellos abusaron de los dones de Dios, dedicando a la idolatría lo que el Señor había escogido para Su uso, como lo es el arte y los recursos naturales como lo es la plata.

Al contrario de estos artistas, Bezalel recibió el don de la inteligencia/entendimiento. Este regalo puede identificarse como discernimiento creativo que lo capacitó para distinguir lo verdadero de lo falso. Bezalel no tuvo problemas para seguir el plan de Dios. Sabía qué hacer con el diseño de Dios, cuáles eran sus límites de interpretación y a quién debía someterse, y también sabía cómo tratar con todas las personas bajo su dirección. Uno puede comprender aquí, cuando ve la diferencia entre los dos grupos de artistas, que el problema no era el arte sino la intención del corazón. En un caso, Bezalel entendió que lo que estaba haciendo era un santuario para que habitara el Señor Dios; en el segundo grupo de artistas que exploramos, estos construyeron idolos. Este entendimiento le dio a Bezalel poder para distinguir entre lo verdadero y lo falso. En conclusión, Dios usó arte, artistas, oro, plata y piedras preciosas en el Tabernáculo, pero todo estaba separado para Su honra y hermosura (Éxodo 28:2, 40).

NOTAS

[1] James Strong, LL.D., S.T.D., *The New Strong's Expanded Exhaustive Concordance of the Bible,* (Nashville: Thomas Nelson, 2010), 294.

[2] _____, *The New Strong's Expanded Exhaustive Concordance of the Bible,* (Nashville: Thomas Nelson, 2010), 37.

[3] _____, *The New Strong's Expanded Exhaustive Concordance of the Bible,* (Nashville: Thomas Nelson, 2010), 36.

[4] _____, *The New Strong's Expanded Exhaustive Concordance of the Bible,* (Nashville: Thomas Nelson, 2010), 66.

[5] _____, *The New Strong's Expanded Exhaustive Concordance of the Bible,* (Nashville: Thomas Nelson, 2010), 66.

[6] _____, *The New Strong's Expanded Exhaustive Concordance of the Bible,* (Nashville: Thomas Nelson, 2010), 269.

CAPÍTULO 4

CIENCIA
Conocimiento revelado

"Y lo he llenado del Espíritu de Dios, en sabiduría
y en inteligencia, y en ciencia"
Éxodo 31:3

INFORMACIÓN SOBRENATURAL

Qué hermoso es nuestro Dios, que no se detiene a la cuenta de uno, dos o de tres. Para Él, no hay límites. Y la capacitación de Bezalel prosigue. Veamos. El Señor continúa Su conversación con Moisés, y le dice: "Y lo he llenado del Espíritu de Dios, en sabiduría y en inteligencia, en ciencia", (Éxodo 31: 3d). Ya hemos visto tres de los regalos de Dios a Bezalel, el Espíritu de Dios; la sabiduría, la inteligencia y la ciencia, que ahora añade. La palabra "ciencia", por lo general se traduce como "conocimiento", lo cual exploraremos un poco más adelante. Para evitar cualquier confusión con el significado general que tiene en nuestros días la palabra "ciencia", usaremos en este capítulo la palabra "conocimiento" en sustitución de la palabra "ciencia".

En la *Biblia*, la palabra "ciencia" nos viene del hebreo *da'ath*[1] que quiere decir "conocimiento", pero también quiere decir "percibir, ser sensible por medio de la vista, el tacto, pero principalmente en la mente". Estas últimas definiciones me llamaron la atención. Por ejemplo, entendemos que el hombre es cuerpo, alma y espíritu. El cuerpo es este caparazón o cubierta hecha por Dios del polvo de la tierra y, como es lo que vemos continuamente, no tenemos problema en entender qué es. Pero somos más que un cuerpo, hay un alma y un espíritu dentro de ese cuerpo, de lo cual el apóstol Pablo testifica al hablar del poder de la Palabra de Dios: "Porque la palabra de Dios es viva y eficaz, y más cortante que toda espada de dos filos; y penetra hasta partir el alma y el espíritu, las coyunturas y los tuétanos, y discierne los pensamientos y las intenciones del corazón" (Hebreos 4:12). En Isaías 26:9 comenzamos a ver una clara distinción entre el alma y el espíritu: "Con mi alma te he deseado en la noche; y en tanto que me durare el espíritu en medio de mí, madrugaré á buscarte: porque luego que hay juicios tuyos en la tierra, los moradores del mundo aprenden justicia". La primera parte del versículo nos dice "Con mi alma te he deseado en la noche". El deseo es una emoción y la vemos expresándose a través del alma. El alma es el asiento de nuestras emociones. Mientras que en la segunda parte del versículo nos dice "y en tanto que me durare el espíritu en medio de mí, madrugaré á buscarte". Aquí vemos al espíritu del hombre buscando establecer comunicación con Dios. ¿Pero cómo el espíritu del hombre se va a comunicar con Dios? El cerebro es donde se encuentra nuestra capacidad de aprender, donde guardamos el conocimiento y donde se encuentra nuestra capacidad de comunicación. El apóstol Juan nos dice: "Pero cuando venga el Espíritu de verdad, él os guiará a toda la verdad; porque no hablará por su propia cuenta, sino que hablará todo lo que oyere, y os hará saber las cosas que habrán de venir" (Juan 16:13). David nos habla de un espíritu que quiere buscar a Dios y Jesús nos habla de enviarnos al Espíritu de Dios, para comunicarse con nosotros, "y os hará saber las cosas que habrán de venir". Se va a comunicar con nosotros y nos hará entender, pensar, percibir, razonar. Por lo tanto, el asiento del espíritu está en nuestro cerebro y su función principal es el conocimiento. Otro punto esencial para entender por qué lo primero que Bezalel recibe es el Espíritu de Dios y no la capacidad artística. Y según sigamos avanzando en nuestro estudio sobre la ciencia o el conocimiento, veremos cómo este se va transformando más allá de una acumulación de datos o información.

Da'ath es también un nombre que viene de la raíz primitiva del verbo yada.[2] Es saber mediante la observación y la reflexión (pensamiento), pero también es saber a través de la experiencia con los sentidos, a través de la investigación y la prueba. La ciencia o conocimiento abarca el área de la educación. Es el conjunto de datos, de información, de hechos e ideas que una persona adquiere. Y este conocimiento puede ser adquirido de diversas formas. Es conocimiento obtenido mediante el estudio formal o tradicional, así como mediante la investigación o la experiencia vivida a través de los cinco sentidos. Este conocimiento lo obtenemos a través de lo que vemos, oímos, tocamos, olemos, gustamos. Y se define, también, como ese algo específico que aprendemos por medio de la razón o la facultad de pensar o reflexionar, como la información que adquirimos sobre una materia o área determinada.

Bezalel necesitaba saber cómo preparar la madera, era preciso que conociera los distintos metales, las piedras preciosas y que supiera cómo tratarlos o manejarlos para lograr lo mejor de cada uno de ellos. Y, posiblemente, necesitó observar, experimentar, razonar y hacer un estudio formal de los mismos. Entiendo que, como artistas, debemos estar interesados en continuar estudiando y desarrollando nuestro talento, sea a través de la observación y reflexión, de estudios formales o mediante el conocimiento que nos llega a través de la experiencia. La inteligencia es una facultad de la mente, mientras que el conocimiento tiene que ver con el contenido de la mente.

QUÉ NOS DICE LA BIBLIA SOBRE EL CONOCIMIENTO

Primero que nada, nos dice que el conocimiento viene de la boca de Dios, "Porque Jehová da la sabiduría, y de su boca viene el conocimiento y la inteligencia" (Proverbios 2:6); y si de Su boca sale el conocimiento y la inteligencia, encontramos sus palabras en las

Sagradas Escrituras. El apóstol Pablo nos dice que en Dios Padre y en Cristo "están escondidos todos los tesoros de sabiduría y conocimiento" (Colosenses 2:3). Una mirada a Génesis 1, durante la narración del proceso creativo, nos permite notar que continuamente aparece la frase "Y dijo Dios". Y luego vemos, a través de todo el capítulo, que lo que Él dijo con su Palabra fue hecho realidad. Explorando la *Biblia*, sobre lo que dice en relación con la ciencia o el conocimiento, nos confirma que ya estaba presente en la creación: "Con su ciencia los abismos fueron divididos, Y destilan rocío los cielos" (Proverbios 3:20).

La ciencia, o conocimiento, está ligada a la sabiduría y es más importante que la plata y el oro: "Recibid mi enseñanza, y no plata; Y ciencia antes que el oro escogido [...]. Yo, la sabiduría, habito con la cordura, y hallo la ciencia de los consejos" (Proverbios 8: 10, 12). Necesitamos esforzarnos para obtener el conocimiento; aprender no es un acto pasivo: "Aplica tu corazón á la enseñanza" (Proverbios 23:12). Sin embargo, no es que Dios no quiere que tengas plata, oro, riquezas o bienes materiales. Creo que es cuestión de prioridades, porque nos dice: "Y con ciencia se llenarán las cámaras de todo bien preciado y agradable" (Proverbios 24:4).

Y al igual que la sabiduría (*chokmah*), el conocimiento (*da'ath*) está ligado al temor de Jehová. Salomón comienza en el primer capítulo de Proverbios diciéndonos: "El principio de la sabiduría [*da'ath*] es el temor de Jehová; los insensatos desprecian la sabiduría y la enseñanza" (Proverbios 1:7). Y en Proverbios 9:10 nos dice que "El temor de Jehová es el principio de la sabiduría [*chokmah*] y el conocimiento del Santísimo es la inteligencia". Muchas veces notamos que al traducir del hebreo al español se intercambian estas dos palabras, lo que indica lo estrecha que es relación entre ambas.

CONOCIMIENTO REVELADO

¿Qué tipo de conocimiento es este? ¿Podrá este tipo de conocimiento manifestarse en la vida del artista? Y como estamos hablando no solamente de los aspectos intelectuales del arte, sino también de los aspectos espirituales, quiero explorar el concepto de ciencia o conocimiento más allá de lo natural.

Revelación es lo que Dios nos da para que podamos ver más allá del conocimiento natural o adquirido por medio del estudio o la observación. Es desvelamiento o el remover lo que está oculto, lo que queremos ver, es descubrimiento, es información sobrenatural. Podríamos pensar en la luz y la obscuridad. Una vez que la luz aparece, podrás ver lo que no veías en la oscuridad. A este tipo de conocimiento se le llama conocimiento revelado:

> Pero Dios nos las reveló a nosotros por el Espíritu; porque el Espíritu todo lo escudriña, aun lo profundo de Dios.
>
> Porque ¿quién de los hombres sabe las cosas del hombre, sino el espíritu del hombre que está en él? Así tampoco nadie conoció las cosas de Dios, sino el Espíritu de Dios.
>
> Y nosotros no hemos recibido el espíritu del mundo, sino el Espíritu que proviene de Dios, para que sepamos lo que Dios nos ha concedido (1 Corintios 2: 10-12).

Es conocimiento que viene directamente del Espíritu de Dios y es depositado en nuestro espíritu, y nos permite operar independientemente del conocimiento que viene a través de nuestros sentidos:

> Antes bien, como está escrito:
> Cosas que ojo no vio, ni oído oyó,
> Ni han subido en corazón de hombre,
> Son las que Dios ha preparado para los que le aman.
> (1 Corintios 2: 9)

Por ejemplo, en Mateo 16:13, cuando Jesús preguntó a los discípulos "¿quién dicen los hombres que es el Hijo del hombre?", las diversas respuestas no se hicieron esperar (Mateo 16:14): "Y ellos dijeron: Unos, Juan el Bautista; y otros, Elías; y otros; Jeremías, ó alguno de los profetas". A lo cual él les preguntó "Y vosotros, ¿quién decís que soy?". Y claro, Pedro inmediatamente saltó con su respuesta que sigue repercutiendo hasta el día de hoy: "Tú eres el Cristo, el Hijo del Dios viviente". Y es aquí donde vemos la manifestación de un conocimiento que no se da ni por observación, ni por reflexión, ni a través de los sentidos. Jesús le dice inmediatamente a Simón Pedro: "Bienaventurado eres, Simón, hijo de Jonás; porque no te lo reveló carne ni sangre, mas mi Padre que está en los cielos". Pedro recibió el conocimiento de que Jesús era el Cristo, el Hijo del Dios viviente, directamente del Espíritu de Dios a su espíritu.

Y es ese conocimiento que viene directamente del Espíritu de Dios el que, como artista, busco. Por ejemplo, cuando el pueblo israelita fue llevado cautivo a Babilonia, el rey pidió: que trajese de los hijos de Israel, del linaje real de los príncipes, muchachos en quienes no hubiese tacha alguna, de buen parecer, enseñados en toda sabiduría, sabios en ciencia y de buen entendimiento, e idóneos para estar en el palacio del rey; y que les enseñase las letras y la lengua de los caldeos (Daniel 1:3-4).

Y nos dice la *Biblia* que Daniel, Ananías, Misael y Azarías fueron escogidos. Y entendemos que fueron escogidos porque llenaban los requisitos que el rey pedía. Eran jóvenes sabios en todo el sentido de la palabra. Sin embargo, después que Daniel propuso en su corazón no contaminarse y no comer de la comida del rey e hizo arreglo con el príncipe de los eunucos para que ninguno de ellos comiera de la comida del rey, nos dice la Palabra que " […] al cabo de los diez días pareció el rostro de ellos mejor y más robusto que el de los otros muchachos que comían de la porción de la comida del rey" (Daniel 1:15). Pero eso no es todo, nos dice la *Biblia* que "A estos cuatro muchachos Dios les dio conocimiento e inteligencia en todas las letras y ciencias" (Daniel 1:17).

Si hacemos un análisis de este versículo, encontramos lo siguiente: "A estos cuatro muchachos Dios les dio conocimiento [*madda*] e inteligencia en todas las letras y ciencias". *Madda*[3] palabra que nos viene, al igual que *da'ath*, de la raíz hebrea *yada*. Y *madda* al igual que *yada* nos habla de conocimiento, pero en este caso, nos habla de un conocimiento interior, nos habla de la capacidad de discernir entre el bien y el mal y saber qué hacer. Por ejemplo, en referencia al momento en que Salomón oró pidiendo sabiduría, dice la *Biblia* en 2 Crónicas 1:12: "Sabiduría y ciencia [*madda*] te son dadas". En otras palabras, Dios, además de la sabiduría, le da ese conocimiento interior necesario para distinguir el bien del mal y para saber qué es lo que tiene que hacer. Es la forma más alta de comunicación, de Espíritu a espíritu. Y este es el conocimiento que buscamos.

El conocimiento secular es una actividad intelectual y es maravilloso. Continuamente me deleito leyendo y estudiando sobre la historia del teatro, vestuario o dramaturgia, pero yo quiero algo más y entiendo que cuando Dios le habla a Moisés y le dice que le ha dado ciencia y conocimiento a Bezalel, está hablando no solo del conocimiento de los materiales, sino de ese conocimiento sobrenatural que va más allá de los sentidos naturales. Es un conocimiento que se obtiene a través del Espíritu Santo. El Espíritu de Dios, como en el principio, cuando se movía sobre la faz de las aguas, se mueve sobre nuestro espíritu para darnos percepción y discernimiento espiritual y para prepararnos para el acto creativo.

TRES PALABRAS CLAVES:
SABIDURÍA, INTELIGENCIA Y CIENCIA

Encontramos que la sabiduría, la inteligencia (entendimiento) y la ciencia (conocimiento) forman parte de una trilogía de palabras que se repiten continuamente a través del libro de Proverbios, pero que también encontramos a través de la *Biblia*, incluyendo el Nuevo Testamento. Lo que me indica la importancia de estas, a la vez que se complementan y se amplía el significado de una y otra. En Isaías 11:2, vemos que las mismas forman parte de los siete espíritus que vendrían sobre el Mesías y si este necesitó del espíritu de sabiduría, inteligencia y ciencia/conocimiento, ¡cuánto más nosotros! "Y reposará sobre él el Espíritu de Jehová; espíritu de sabiduría [*chokmah*] y de inteligencia [*biynah*], espíritu de consejo y de poder, espíritu de conocimiento [*da'ath*] y de temor de Jehová" (Isaías 11:2). Y ya hemos visto cómo también es parte de los regalos o dones a Bezalel, Aholiab y a todos aquellos que habrían de participar en la construcción del Tabernáculo.

Sin embargo, es importante notar que esta capacitación a Bezalel, Aholiab y demás sabios de corazón que hicieron el

Tabernáculo, no fue exclusiva de ese momento histórico. Cuando el Rey Salomón fue a construir el templo y necesitó de un artista para trabajar en él, nos dice la Palabra que se comunicó con Hiram, el Rey de Tiro y le dijo:

> He aquí, yo tengo que edificar casa al nombre de Jehová mi Dios, […]. Y la casa que tengo que edificar, ha de ser grande; […]. Envíame, pues, ahora un hombre hábil que sepa trabajar en oro, en plata, en bronce, en hierro, en púrpura, en grana y en azul, y que sepa esculpir con los maestros que están conmigo en Judá y en Jerusalén, los cuales dispuso mi padre. (2 Crónicas 2:4-5, 7).

A lo cual, Hiram, Rey de Tiro le contestó:

> Yo, pues, te he enviado un hombre hábil y entendido, Hiram-abi, hijo de una mujer de las hijas de Dan, mas su padre fue de Tiro; el cual sabe trabajar en oro, plata, bronce y hierro, en piedra y en madera, en púrpura y en azul, en lino y en carmesí; asimismo sabe esculpir toda clase de figuras, y sacar toda forma de diseño que se le pida, con tus hombres peritos, y con los de mi señor David tu padre. (2 Crónicas 2: 13-14).

Y nos dice la Biblia:

> Y envió el rey Salomón, e hizo venir de Tiro a Hiram, hijo de una viuda de la tribu de Neftalí. Su padre, que trabajaba en bronce, era de Tiro; e Hiram era lleno de sabiduría, inteligencia y ciencia en toda obra de bronce. Este, pues, vino al rey Salomón, e hizo toda su obra. (1 Reyes 7:13-14)

Continuamente, estas tres palabras aparecen juntas y tienden a mezclarse entre sí. Y están íntimamente relacionadas con el proceso creativo, ya sea en el momento de la creación, de la construcción del Tabernáculo o del Templo de Salomón. Nos dice Proverbios 24:3 que "con sabiduría se edificará la casa, y con prudencia se afirmará; y con ciencia se llenarán las cámaras de todo bien preciado y agradable".

Y no creo que se esté refiriendo solamente a una casa física, sino que esa casa puede ser tu proyecto artístico. Y aun más, con relación a nuestro proyecto artístico, "Si Jehová no edificare la casa, en vano trabajan los que la edifican" (Salmo 127:1). Si Jehová no es el que lo edifica, inspira, levanta, en vano es mi trabajo, ya que entiendo que el mismo no tendrá un fundamento sólido y trascendental. Queremos desarrollar un arte que sea significativo, valioso, impactante.

Antes de continuar con las otras capacitaciones que Dios da a Bezalel, podríamos decir a manera de resumen, que la sabiduría es el acto de poder tener la visión completa del proyecto, la inteligencia es el poder entender la información, poder distinguir o discernir lo verdadero de lo falso y el conocimiento tiene que ver con la información adquirida. La inteligencia es una facultad de la mente, naces con ella; mientras que el conocimiento es el contenido de la mente.

Y es el Espíritu Santo quien hace la diferencia entre lo natural y lo sobrenatural. Es el Espíritu quien habla a tu espíritu y te revela lo que no sabes, te da la información que no está al alcance de tus sentidos naturales y te capacita sobrenaturalmente para que puedas hacer uso de esa información en beneficio del proyecto que estás desarrollando, o del problema que tienes que resolver.

NOTAS:

[1] James Strong, LL.D., S.T.D., The New Strong's Expanded Exhaustive Concordance of the Bible, (Nashville: Thomas Nelson, 2010), 64.

[2] _____, The New Strong's Expanded Exhaustive Concordance of the Bible, (Nashville: Thomas Nelson, 2010), 108.

[3] _____, *The New Strong's Expanded Exhaustive Concordance of the Bible*, (Nashville: Thomas

¿ARTISTA?

CAPÍTULO 5

ARTE
Manifestación creativa

> "Y lo he llenado del Espíritu de Dios, en sabiduría
> y en inteligencia, en ciencia y en todo arte".
> Éxodo 31:3

CREACIÓN ARTÍSTICA

WOW. Finalmente llegué a las artes. Si hubiese tenido en mis manos la decisión de cómo distribuir los regalos, habría comenzado con el arte. Pero Dios nos conoce, y al contrario de lo que pensaba, el arte no es el primer regalo que el Señor le da al artista, sino el quinto: "Y lo he llenado del Espíritu de Dios en sabiduría, y en inteligencia, en ciencia y en todo arte" (Éxodo 31: 3). En otras palabras, el quinto regalo es la creación artística. Dios nos da el regalo de su Espíritu primero; es decir, estableció la comunicación de espíritu a espíritu primero, y luego nos dio otros tres dones espirituales: sabiduría, inteligencia y conocimiento. De esta manera, cuando finalmente nos revela un concepto artístico, uno está listo para saber qué hacer con lo que Él puso en nuestras manos y tener éxito.

El cuarto regalo nos habla de la creación artística, es decir, la capacidad o habilidad artística. La palabra que en esta versión de las Escrituras se traduce como "arte" viene del hebreo *mela'kah*.[1] Encontré una variedad de traducciones para esta palabra. Y me imagino que el significado o la interpretación de la palabra cambia dependiendo de cómo se usa en la oración. *Mela'kah* significa, entre otras cosas, "trabajo (algo hecho), trabajo manual, mano de obra, ocupación, negocios".[2, 3] También se traduce como "hábil, artista, arquitecto, artesano, artífice, obra de arte, arte."[4] La primera vez que se usó fue en Génesis 2: 2: "Y acabó Dios en el día séptimo la obra [*mela'kah*] que hizo; y reposó el día séptimo de toda la obra [*mela'kah*] que hizo." ¿Cuál fue la obra que Dios hizo? La creación del mundo. Entonces, la primera vez que se usó la palabra *mela'kah* fue para hablar del proceso creativo. La primera obra de Dios fue creativa, artística, es decir, una obra de arte, una obra maestra. Al analizar la palabra en el contexto del tipo de obra que se iba a hacer o del tipo de mano de obra que se iba a necesitar, entendemos que habla de habilidad y técnica artística "para inventar diseños, para trabajar en oro, y en plata, y en bronce, y en artificio de piedras para engastarlas, y en artificio de madera; para obrar en toda suerte de labor" (Éxodo 31:4-5).

Por lo tanto, si analizamos esta palabra basada en la ley de la primera mención, en el contexto del tipo de "trabajo" que se iba a realizar o el tipo de "trabajo manual" que se necesitaba, entendemos que Éxodo 31: 3 está hablando sobre creatividad y habilidad y técnica artística. El Señor le dijo a Moisés que uno de los propósitos del llamado y la capacitación espiritual era para "inventar [*chasha*] diseños, para trabajar en oro, en plata y en bronce, y en artificio de piedras para engastarlas, y en artificio de madera; para trabajar en toda clase de labor" (Éxodo 31: 3–5). *Chasha* es una palabra hebrea que examinaré más adelante porque es importante para nosotros. Es interesante notar como diferentes traducciones describen la importancia de la capacitación de Bezalel:

Lo he llenado del Espíritu de Dios y le he dado gran sabiduría, capacidad y destreza en toda clase de artes manuales y oficios. Es un maestro artesano, experto en trabajar el oro, la plata y el bronce. Es hábil en grabar, en incrustar piedras preciosas y en tallar madera. ¡Es un maestro en todo trabajo artístico! **Nueva Traducción Viviente (NTV)**

Lo he llenado con mi Espíritu y le he dado sabiduría, capacidad y habilidad para la construcción del santuario y todo lo que contiene. Está altamente capacitado como diseñador artístico de objetos de oro, de plata y de bronce. También ha sido dotado como joyero y tallador de madera.

Nueva Biblia Viva (NBV)

Lo voy a llenar con el Espíritu de Dios, con sabiduría, inteligencia y aptitud para realizar todo tipo de trabajo, diseñar, trabajar con oro, plata y bronce, cortar y colocar piedras preciosas, trabajar con madera y hacer toda clase de obra artística. Palabra de Dios para Todos (PDT)

y lo he dotado de habilidades extraordinarias, de destreza, talento y pericia en toda clase de trabajos; podrá así idear proyectos y realizarlos en oro, plata y bronce, tallar y engastar piedras preciosas, trabajar la madera y realizar cualquier otra labor. La Palabra (España) (BLP)

De acuerdo con la descripción del trabajo que aparece en Éxodo 25 y 28, Moisés necesitaba:

- Carpinteros
- Diseñadores
- Bordadores o Recamadores
- Grabadores
- Joyeros
- Metalúrgicos
- Moldeadores
- Costureras
- Tejedores

• Leñadores o Madereros[5]

El equipo de Dios para la construcción del Tabernáculo estaba formado por las siguientes personas:

1. BEZALEL, artista, estuvo a cargo de dirigir la obra del Tabernáculo. Se especializó en trabajos de metal, piedra, madera y perfumería (Éxodo 31: 1–5; 37: 1, 29)

2. AHOLIAB, quien también era artista, fue asistente de Bezalel: grabador, diseñador, recamador (bordador) (Éxodo 38:23).

3. HOMBRES y MUJERES a quien el Señor "le dio sabiduría e inteligencia para hacer toda la obra del servicio del santuario" (Éxodo 36: 1). Por ejemplo, ellos construyeron parte del Tabernáculo y las vestimentas:

> a. MUJERES, que eran "sabias de corazón hilaban con sus manos, y traían lo que habían hilado: azul, púrpura y carmesí o lino fino. Y todas las mujeres cuyo corazón las impulsó en sabiduría hilaron pelo de cabra"(Éxodo 35: 25–26).

> b. HOMBRES, maestros, trabajaban en el santuario (Éxodo 36: 4).

> c. EN GENERAL, Todo artesano experto (hombres y mujeres sabios de corazón) harían todo lo que el Señor les había mandado (Éxodo 35:10).

4. El Señor preparó al equipo: "y los ha llenado de sabiduría de corazón, para que hagan toda obra de arte y de invensión, y de bordado en azul, en púrpura, en carmesí, en lino fino y en telar, para que hagan toda labor, e inventen todo diseño" (Éxodo 35:35). En la Biblia de las Américas podemos ver este verso con más claridad: "Los ha llenado de habilidad para hacer toda clase de obra de grabador [*charash*], de diseñador [*chashab*] y de bordador [*raquam*] en *tela* azul, en púrpura y en escarlata y en lino fino, y de tejedor; capacitados para toda obra y creadores de diseños."

Aquí hay unas palabras interesantes: *charash, chashab* y *raqam*. Es la primera vez que aparece la palabra hebrea *charash*[6]. Esta significa, entre otras cosas, "artífice, artesano, hábil y creador". La palabra *raqam*[7] significa "bordador; una persona que mezcla colores o un colorista de lino fino, entre otros". Todas estas palabras se relacionan de una manera u otra con las artes. La palabra *chashab*[8] es aún más interesante e importante para los artistas. Significa, entre otras cosas, "tejer, fabricar, imaginar, inventar". Dios los llamó a tejer, fabricar, inventar e incluso imaginar:

- Diseños artísticos
- Diseños en oro, plata y bronce.
- Como cortar piedras preciosas o semi-preciosas para los diferentes montajes
- Tallar madera
- Y hacer todo tipo de trabajos artesanales o artísticos.

El concepto de imaginación ha sido visto como negativo en algunos círculos cristianos porque está asociado con "pensamientos [*charash*] inicuos" (Proverbios 6:18). 2 Corintios 10: 5 dice: "Derribando argumentos y toda lo altivez que se levanta contra el conocimiento de Dios, y llevando cautivo todo pensamiento a la obediencia a Cristo". La palabra argumento en griego es *logismos* y quiere decir, entre otros, imaginaciones. Hay dos imaginaciones diferentes, una que es la creativa y la otra es perversa. Uno puede reconocer a aquellos con imaginación perversa por su comportamiento y frutos:

> Este pueblo malo, que no quiere oír mis palabras, que anda en las imaginaciones de su corazón, y que va en pos de dioses ajenos para servirles, y para postrarse ante ellos, vendrá a ser como este cinto, que para ninguna cosa es bueno. Jeremías 13:10

> Por tanto, yo os arrojaré de esta tierra a una tierra que ni vosotros ni vuestros padres habéis conocido, y allá serviréis a dioses ajenos de día y de noche; porque no os mostraré clemencia. Jeremías 16:13

> Pues habiendo conocido a Dios, no le glorificaron como a Dios, ni le dieron gracias, sino que se envanecieron en sus razonamientos, y su necio corazón fue entenebrecido. Romanos 1:21

Pero la imaginación *chashab* pertenece a los hombres y mujeres sabios, a los artistas que aman al Señor. El diccionario define la imaginación como "la capacidad de crear imágenes mentales de algo que no es real o la capacidad de generar ideas nuevas y creativas".[9] Partiendo de esta definición, uno puede entender que la imaginación es esencial en el proceso creativo:

> La imaginación es la capacidad de formar una imagen mental de algo que no se percibe a través de los cinco sentidos. Es la capacidad de la mente para construir escenas mentales, objetos o eventos que no existen, que no están presentes o que han sucedido en el pasado [...]. Una imaginación desarrollada y fuerte no te convierte en un soñador o en una persona poco práctica. Por el contrario, fortalece tus habilidades creativas y es una gran herramienta para recrear y remodelar tu mundo y tu vida [...]. La imaginación es un poder creativo que es necesario para inventar un instrumento, diseñar un vestido o una casa, pintar un cuadro o escribir un libro.[10]

Lo que me encanta de esta explicación es que el significado de *chashab* incluye muchas de las palabras ya mencionadas, como "fabricar, diseñar e inventar". En otras palabras, si tu corazón es puro y amas al Señor, no tendrás problemas con tu imaginación porque tu imaginación está santificada. Entonces, usa tu imaginación para diseñar, crear e inventar maravillosas obras de arte para el Señor. Veamos nuevamente Éxodo 35:35:

> y los ha llenado de sabiduría de corazón, para que hagan toda obra de arte y de invención, y de bordado en azul, en púrpura, en carmesí, en lino fino y en telar, para que hagan toda labor, e inventen todo diseño.

Una vez más, enfatizo que es el corazón, la sabiduría de corazón, la que marca la diferencia. Pero la palabra "creador", incluida en el significado de varias palabras relacionadas con el arte, resuena en mi espíritu. Vamos a explorarla.

DIOS CREADOR Y HACEDOR

Aunque hay variedad de definiciones para el arte, podríamos decir que puede considerarse como la actividad o facultad creadora del ser humano a través de la cual expresa ideas, emociones, valores o una visión del mundo en particular. Para ello se hace uso del color, la forma, el lenguaje, el sonido y el movimiento, los cuales transforma y combina para producir una obra de arte única. El arte puede ser entre otros, una canción, una danza, una pintura, o una obra de teatro. El arte es un aspecto de la cultura y muchos historiadores consideran que tuvo en sus orígenes una función ritual o mágica, la cual fue transformándose hasta adquirir un componente estético y una función social.

Es interesante notar que la mayoría de las culturas antiguas no conocían el concepto de creatividad. Para ellos, el arte era básicamente una imitación. Sin embargo, al ver el primer capítulo y versículo de la *Biblia*, encontramos la manifestación por excelencia de la creación, como resultado de la actividad creativa y artística del Creador: "En el principio creó [*bara*] Dios los cielos y la tierra" (Génesis 1:1). *Bara*[11] es una palabra hebrea que se traduce como "crear", es crear de la nada. Y si aplicamos la definición de arte al producto que surge de ese primer acto de creación, vemos, primeramente, que es una obra única. Los cielos y la Tierra no existían antes de ese momento. Y los mismos están repletos de colores, diversidad de materiales y sonidos, entre otros atributos, los cuales expresan la visión de Dios para la humanidad. Dios creó un mundo lleno de belleza (componente estético) y con un propósito definido.

Y en el maravilloso acto creativo del ser humano, Dios Creador "sopló en su nariz soplo de vida, y fue el hombre un ser viviente" (Génesis 2:7). Dios Creador impartió de Su Espíritu cuando formó al hombre, porque antes de crearlo ya había determinado cómo sería: "Hagamos al hombre a nuestra imagen, conforme a nuestra semejanza" (Génesis 1:26a). Dios no estaba creando un robot mecánico. Y al concluir la obra creadora del ser humano, el Espíritu de Dios que inspiró al escritor del Génesis pudo dar testimonio y decir: "Y creó Dios al hombre a su imagen, a imagen de Dios lo creó; varón y hembra los creó" (Génesis 1:27). La creatividad es parte de la imagen de Dios en nosotros. Tal vez por esa razón, uno tiene este deseo y la capacidad de hacer cosas. Por lo tanto, hemos sido llamados a ser cocreadores con Dios.

Y en relación al propósito de la creación, nos dice el salmista "Los cielos cuentan la gloria de Dios" (Salmo 19:1a). David nos habla del firmamento como evidencia del poder creador de Dios. En otras palabras, los cielos pregonan el esplendor, la grandeza y la hermosura de Dios. Y continúa David, diciendo, "Y los cielos cuentan la gloria de Dios, y el firmamento anuncia la obra de sus manos" (Salmo 19:1b). La palabra hebrea para "la obra de sus manos" es *ma'aseh*.[12] Y *ma'aseh* nos habla de "acción, actividad, producto (específicamente un poema)". Y es la misma palabra utilizada cuando se refiere al "trabajo" de un hábil artesano (Éxodo 26: 1), un joyero (Éxodo 28:11) y un perfumista (Éxodo 30:25).

El Antiguo Testamento también nos llama a celebrar la "obra" de Dios. El salmista se sintió maravillado y a la vez conmovido ante la majestad del Señor al mirar la "obra" de la creación:

Cuando veo tus cielos, obra de tus dedos,
La luna y las estrellas que tú formaste,
Digo: ¿Qué es el hombre, para
que tengas de él memoria,
y el hijo del hombre, para que lo visites? (Salmo 8:3-4)

O, como nos dice el Salmo 102:25:

Desde el principio tú fundaste la tierra,
Y los cielos son obra de tus manos.

La traducción griega de la palabra hebrea *ma'aseh* es *poiema*,[13] que significa "de que está hecho; trabajo; creación." Esta definición me llamó la atención porque recordé haber visto esta palabra anteriormente relacionada con el proceso creativo. Esto me llevó a Efesios 2:10: "Porque somos hechura suya, creados en Cristo Jesús para buenas obras, las cuales Dios preparó para que anduviésemos en ella". Y si cogemos este texto bíblico y lo estudiamos de cerca, nos llevamos una sorpresa. Porque "somos hechura" en griego es *pŏiēma*, que quiere decir "producto, algo hecho, obra maestra". Y "creados" es *ktid'zo* en griego.[14] Significa, "crear, que se aplica solo a Dios, quien solo puede hacer lo que no estaba 'antes' (*ex nihilo*, de la nada)". Esto se conecta con "En el principio creó [bara, ex nihilo, de la nada] Dios los cielos y la tierra". Y Génesis 1:27 dice: "Y creó [bara, ex nihilo, de la nada] Dios al hombre a su imagen, a imagen de Dios lo creó [bara, ex nihilo, de la nada]; varón y hembra los creó [bara, ex nihilo, de la nada]". En otras palabras, "Porque somos *poiema*, creados de la nada en Cristo Jesús para buenas obras, las cuales Dios preparó para que anduviésemos ellas". "Porque somos *poiema* ", esto confirma de una forma hermosa Génesis 1:27: ¡somos la obra maestra de Dios! Una obra maestra es "una obra realizada con una habilidad extraordinaria, una obra de arte sobresaliente".[15] Y debido a que somos Su creación y reflejo de su imagen, somos también como discutimos en el Capítulo 3, *b'tselem Elohim*, un " pequeño creador".

Sin embargo, la palabra "poema" no siempre tuvo la connotación que tiene en nuestros días. Emilio Lledó, autor del libro *El Concepto "Poíesis" en la Filosofía Griega*:

> ¿Cómo ha sido posible que un concepto que significó el "hacer" en su sentido concreto y material, fuese descargándose poco a poco de esta significación, llegando a adquirir otra opuesta: la sublimación, y en muchos casos el apartamiento y la repulsa de esa misma materia, en cuyo manejo real surgió el vocablo? ¿En qué momento podría precisarse tal giro? ¿Hasta qué punto se realizó ya este cambio en Grecia y *"poíesis"* significó para los griegos lo que hoy significa para nosotros?[16]

Es en la obra de Homero, poeta griego al cual se le atribuyen los poemas épicos de la *Ilíada* y *la Odisea*, donde aparecen los primeros ejemplos que nos llegan hasta hoy en día de la palabra *poiéõ* o poesía.[17] En sus comienzos, la palabra era identificada como un verbo y significaba "hacer, fabricar, edificar".[18] Poesía era entonces una actividad material, algo hecho con las manos. Esto nos da a entender que se hablaba de un objeto material. Era fabricar, construir algo partiendo de algo. En otras palabras, la manufactura de un producto. Por ejemplo, hacer o fabricar una mesa a partir de la madera.

Esta primera definición inmediatamente trajo a mi memoria varios versículos del libro de Génesis: "Hagamos al hombre [...]" (Génesis 1:26); "Formó [*yatsar*], pues, Jehová Dios al hombre del polvo de la tierra" (Génesis 2:7) y en Génesis 2:22, "Y de la costilla que Jehová Dios tomó del hombre, hizo una mujer". *Yatsar*[19] significa "formar, moldear" y es usada para describir la actividad creadora de Dios. Así, pues, cuando Pablo escribe que "somos el poema de Dios", estaba describiendo la forma en la cual Dios nos creó. Nos hizo con sus propias manos. Dios creó un producto, el hombre, partiendo de otro, el polvo de la tierra. Y creó a la mujer partiendo de la costilla del hombre. Nuevamente, vemos un hacer a partir de otro producto ya hecho.

Hesíodo, poeta griego posterior a Homero, usa la palabra "poesía" en el contexto de "traer a la existencia" o "crear".[20] Vuelven nuevamente los versículos de Génesis 1:27 a resonar en mi espíritu, "Y creó Dios al hombre á su imagen, á imagen de Dios los creó". Pero Génesis 2:7 nos ofrece más luz sobre el acto creativo y nos dice: "y sopló en su nariz aliento de vida, y fue el hombre un ser viviente".

Este proceso creativo es sumamente interesante, porque es verdad que Dios nos da forma del polvo de la tierra, pero a su vez, Él es el creador de ese "polvo de la tierra". Dios crea "ex nihilo", crea de la nada y de ese material creado de la nada, le da forma al hombre. Quizás al formar al hombre con sus manos hizo un objeto o producto, pero en el momento que sopló en él "aliento de vida" le convirtió en un ser viviente y, por lo tanto, le trajo "a la existencia". Es así como, poco a poco, vamos descubriendo y profundizando en lo que quiere decir "somos el poema de Dios". Aún durante la época de Homero, se entendía "poesía" como "colocar", como "situar en cierto lugar".[21] Una mirada a Génesis 2:8 nos permite corroborar esto: "Y Jehová Dios plantó un huerto en Edén, al oriente; y puso allí al hombre que había formado".

Heráclito, otro de los poetas griegos, usa el verbo como *poieîn* o poesía, con el significado de "principio", "comienzo". Lo que se crea comienza a existir en el mismo momento de la acción creadora. Al mismo tiempo comienza a usarse el verbo para caracterizar una actividad artística. Y con Heródoto, aparece el sentido de "componer", de "creación artística".[22]

Como hemos visto, el lenguaje griego, como todo lenguaje, no fue estático, si no que a medida que fue desarrollándose muchas de sus palabras adquirieron significados más abarcadores. A medida que el lenguaje se desarrolla, surgen los sufijos. Los mismos son las letras que se agregan a la raíz de una palabra para formar otra palabra. Así, vemos que al añadir el sufijo *–sis* a *poieîn* obtenemos la palabra *poíesis*. Surge entonces *poíesis* como "creación como tal;[23] o sea, como un proceso activo, y el objeto de esa *poíesis* o acción creativa es el "*poiema*" o poema y la poesía como toda la obra poética del poeta.

Por lo tanto, el "poema" es la acción creativa de Dios y no solo "una obra" o un "producto" o "algo hecho". Es más que eso. Somos el objeto de la acción creativa de Dios. Dios creó una obra de creatividad magistral.

Entonces, para cuando el apóstol Pablo nació, aproximadamente para el año 5 DC, en Tarso, Cilicia, la palabra "poema" había evolucionado en lo que entendemos hoy en día. Uno puede encontrar evidencia en las Escrituras de que el apóstol Pablo habló griego:

> Cuando comenzaron a meter a Pablo en la fortaleza, dijo al tribuno: ¿Se me permite decirte algo? Y él dijo: ¿Sabes griego?
>
> ¿No eres tú aquel egipcio que levantó una sedición antes de estos días, y sacó al desierto los cuatro mil sicarios?
>
> Entonces dijo Pablo: Yo de cierto soy hombre judío de Tarso, ciudadano de una ciudad no insignificante de Cilicia; pero te ruego que me permitas hablar al pueblo.

Y cuando él se lo permitió, Pablo, estando en pie en las gradas, hizo señal con la mano al pueblo. Y hecho gran silencio, habló en lengua hebrea, diciendo:

Varones hermanos y padres, oíd ahora mi defensa ante vosotros.

Y al oír que les hablaba en lengua hebrea, guardaron más silencio. (Hechos 21:37-22:2)

Por lo tanto, cuando el apóstol Pablo usó la palabra *poiema*, entendió el significado y las connotaciones. Entiendo que cuando el apóstol Pablo dice: "Somos el poema de Dios", está narrando en una palabra todo el proceso creativo de Dios. El apóstol Pablo no solo hablaba griego, sino que también leía literatura griega. Recuerda, él era un hombre altamente educado. Y no solo leyó la obra de los poetas griegos, sino que los menciona en su predicación: "Porque en Él vivimos, y nos movemos, y somos; como algunos de vuestros propios poetas también han dicho: Porque linaje suyo somos" (Hechos 17:28).

Otro detalle interesante: los sofistas (siglos V y IV a. C.) se dedicaron al estudio y la crítica de los poetas en Grecia. Hasta entonces, le estructura formal de la poesía se caracterizaba por el metro, el ritmo y la aliteración. Se entendía, además, que había un elemento sobrenatural en ella. Que la misma era "don de un poder superior, que trasciende los límites de la persona humana y por el que esta queda totalmente absorbida".[24] Los sofistas realizan un doble cambio: en lugar de lo sobrenatural aparece la sugestión psicológica estudiada de antemano y producida por una técnica. Gorgias, un sofista, determina que la poesía viene del "logos"[14]. De acuerdo con él, el "logos", la "palabra", es lo que conmueve, lo que provoca alegrías o tristezas. Hemos visto cómo el concepto de poema ha ido profundizándose hasta convertirse en "creación por la palabra".

En Romanos 1:20, encontramos también la palabra "poema". En este caso es usada en plural, "Porque las cosas invisibles de él, su eterno poder y deidad, se hacen claramente visibles desde la creación del mundo, siendo entendidas por medio de las cosas hechas, de modo que no tienen excusa". La expresión "por medio de las cosas hechas" es, actualmente, la palabra griega "poemas". Si volvemos a Génesis 1, encontramos repetidamente la frase "Y dijo Dios". En Génesis 1:3, "Y dijo Dios: Sea la luz: y fue la luz"; en Génesis 1:6,8, "Y dijo Dios: Haya expansión [...]. Y llamó Dios á la expansión Cielos: y fue la tarde y la mañana el día segundo"; y así sucesivamente, hasta que se crea todo el universo. Dios creó el mundo a través de la Palabra.

Según Lledó, el poeta y filósofo Platón, en su obra *El banquete*, define la idea de creación *(poíesis)* como una actividad creativa,[25] y "esta actividad creativa es un modo de sabiduría".[26] Platón, en su obra *El Banquete*, define la creación de la siguiente manera: "Poetry, which is a general name signifying every cause whereby anything proceeds from that which is not, into that which is; so that the exercise of every inventive art is poetry, and all such artist poets."[27] (Poesía, nombre general que se le da al proceso por el cual algo procede de lo que no es, a lo que es; de modo que el ejercicio de cada arte inventivo es la poesía, y todos esos poetas son artistas.) En un artículo no identificado, encontré esta cita de Platón, pero más ampliada:

> Tú sabes que la idea de "creación" *(poíēsis)* es algo múltiple, pues en realidad toda causa que haga pasar cualquier cosa del no ser al ser es creación, de suerte que también los trabajos realizados en todas las artes son creaciones y los artífices de éstas son todos creadores *(poiētai*, poetas).[28]

Este proceso creativo indica el acto de crear lo que no era antes; se trata de "hacer" algo que antes no existía.

El proceso creativo indica el acto "de traer al ser lo que antes no era". Es una fuerza creadora o acción suprema de Dios *(Poíesis Theou)*. Se trata pues de "hacer" algo que con anterioridad no existía. De acuerdo con Platón, la poesía provocaba el paso del no-ser al ser. Así que entiendo que, cuando el apóstol Pablo escribe "Porque las cosas invisibles de él, su eterno poder y deidad, se hacen claramente visibles desde la creación del mundo, siendo entendidas por medio de las cosas hechas, de modo que no tienen excusa" (Romanos 1:20), el apóstol les señalaba un mundo que fue creado por la Palabra, por ese ser supremo, el Dios no conocido llamado Jehová:

porque pasando y mirando vuestros santuarios, hallé también un altar en el cual estaba esta inscripción: AL DIOS NO CONOCIDO. Al que vosotros adoráis, pues, sin conocerle, es a quien yo os anuncio.

El Dios que hizo el mundo y todas las cosas que en él hay, siendo Señor del cielo y de la tierra, no habita en templos hechos por manos humanas (Hechos 17:23-24).

Efesios 2:10 tradicionalmente se ha traducido de la siguiente manera:

> Porque somos **hechura** suya, creados es Cristo Jesús para buenas obras, las cuales Dios preparó de antemano para que anduviésemos en ellas. (enfasis mío)

Sin embargo, versiones recientes de la Biblia han traducido Efesios 2:10 de una manera más precisa para reflejar, de hecho, que somos la creación artística de Dios:

> Pues somos la obra maestra de Dios. Él nos creó de nuevo en Cristo Jesús, a fin de que hagamos las cosas buenas que preparó para nosotros tiempo atrás. Nueva Traducción Viviente (NTV)

Ejemplos de versiones en inglés del mismo verso, donde se puede ver que ya la frase "hechura suya" se ve más desde el contexto artístico:

> For we are His workmanship [His own **master work, a work of art**], created in Christ Jesus [reborn from above— spiritually transformed, renewed, ready to be used] for good works, which God prepared [for us] beforehand [taking paths which He set], so that we would walk in them [living the good life which He prearranged and made ready for us]. (AMP, enfasis mío)

For we are God's **masterpiece**, created in the Messiah Jesus to perform good actions that God prepared long ago to be our way of life. (ISV, enfasis mío)

For we are his **creative work**, having been created in Christ Jesus for good works that God prepared beforehand so we can do them. (NET, enfasis mío)

We have become his **poetry**, a re-created people that will fulfill the destiny he has given each of us, for we are joined to Jesus, the Anointed One. Even before we were born, God planned in advance *our destiny* and the good works we would do *to fulfill it*! (TPT, enfasis mío)

For we are the product of His hand, *heaven's poetry etched on lives,* created in the Anointed, Jesus, to accomplish the good works God arranged long ago. (VOICE, enfasis mío)

En síntesis, la evolución de la palabra "poema" no solo describe el aspecto inmediato de crear, sino que nos narra en sí misma toda la historia de la creación (universo y hombre), identificando a el Señor como el Dios Creador, realizador de dos hermosas obras de arte, una a través de la Palabra, el universo, y la otra a través de sus propias manos, el ser humano. Y le identifica como *Poiesis Theou*, Dios Creador.

Me llama la atención que los grandes pensadores griegos necesitaran siglos para explicar el proceso creativo. Y no es que Dios necesite de los griegos para entender qué fue lo que Él hizo cuando se dice "En el principio creó Dios los cielos y la tierra". Es que los griegos necesitaron siglos de estudios, debates y explicaciones para entender el proceso creativo, el proceso artístico. No, el arte no comienza con las civilizaciones antiguas, ni con los griegos, ni su origen estuvo en el ritual o la magia. El arte comienza con Dios Creador. Y es ese Dios Creador que le dice a Moisés que ha puesto habilidad artística en Bezalel, Aholiab y en todo sabio de corazón, para que puedan hacer el trabajo artístico que Él mismo había diseñado, trabajo que debía ser hecho conforme a todo lo que Él le había mostrado (Éxodo 25:9).

Y aunque desde el exterior, el diseño del Tabernáculo se vería sencillo, iba a atesorar dentro de sí magníficas piezas que representarían toda la belleza y esplendor de Dios. Piezas que estarían hechas de materiales costosos y, a la misma vez, serían hermosas piezas de arte. Ejemplo de ello, el Arca del testimonio, toda hecha en madera de acacia y cubierta de oro puro por dentro y por fuera, con su cornisa, anillos y varas también cubiertos de oro puro, así como una cubierta rematada con dos hermosos querubines hechos de una sola pieza, en oro puro también. Allí no había añadiduras, era una sola pieza maravillosamente creada. Y me imagino que tenía que ser de tal majestuosidad porque sería la pieza que iría en el Lugar Santísimo, y Dios le promete a Moisés que "de allí me declararé a ti, y hablaré contigo de sobre el propiciatorio, de entre los dos querubines que están sobre el Arca del testimonio, todo lo que yo te mandare para los hijos de Israel" (Éxodo 25:22).

MÁS ALLÁ DEL TABERNÁCULO

Entiendo que la manifestación artística en las Escrituras es abundante. Una mirada general al arte en la *Biblia* y encontramos diversidad de expresiones artísticas. Veamos algunas de ellas. Con relación a la música, desde los comienzos de la humanidad vemos que la *Biblia* nos da testimonio, no solo de la música, sino también de la confección de instrumentos musicales. Nos dice que Jubal fue el creador de instrumentos musicales, instrumentos de cuerda e instrumentos de vientos: "Y Ada dio a luz a Jabal, […]. Y el nombre de su hermano fue Jubal, el cual fue padre de todos los que tocan arpa y flauta" (Génesis 4:20-21).

La música era parte vital en la escuela de profetas:

Después de esto llegarás al collado de Dios donde está la guarnición de los filisteos; y cuando entres allá en la ciudad encontrarás una compañía de profetas que descienden del lugar alto, y delante de ellos salterio, pandero, flauta y arpa, y ellos profetizando. (1 Samuel 10:5).

Más ahora traedme un tañedor [músico]. Y mientras el tañedor tocaba, la mano de Jehová vino sobre Eliseo. (2 Reyes 3:15).

Otra manifestación artística que vemos desde las primeras páginas de la *Biblia* es la danza: "Y María la profetisa, hermana de Aarón, tomó un pandero en su mano, y todas las mujeres salieron en pos de ella con panderos y danzas" (Éxodo 15: 20).

Y tal vez uno de los tesoros escondidos que he descubierto es sobre el uso del arte y la educación, el cual, por lo regular se asocia con el teatro medieval y el uso del arte como instrumento educativo en el siglo 20. Durante la Época Medieval, las autoridades eclesiásticas comenzaron a usar el teatro para enseñar las historias bíblicas y sus valores espirituales al pueblo, a través de dramas religiosos llamados misterios y autos sacramentales. A mediados del siglo veinte surge un movimiento educativo, tanto en los Estados Unidos como en Inglaterra, que entiende que las artes pueden ser un instrumento educativo eficaz. Sin embargo, nuevamente una mirada a las Escrituras nos muestra que Jehová Dios ya sabía de ello. Dios le dice a Moisés: "Ahora pues, escribíos este cántico, y enséñalo a los hijos de Israel; ponlo en boca de ellos, para que este cántico me sea por testigo contra los hijos de Israel" (Deuteronomio 31:19). Y nos dicen las Escrituras que Moisés no solo escribió el cántico, sino que se lo enseñó a los hijos de Israel (Deuteronomio 31:22).

Y me pregunto, ¿por qué en específico escribir un cántico y enseñarlo al pueblo? Ellos ya tenían los diez mandamientos, tenían otra serie de leyes, tenían el Tabernáculo y, sobre todo, habían visto las maravillas de Dios. Sin embargo, Dios entiende algo sobre el arte, algo que tal vez Moisés no sabía y que le tomó a los educadores y artistas siglos comprender: "Y cuando les vinieren muchos males y angustias, entonces este cántico responderá en su cara como testigo, pues será recordado por la boca de sus descendientes; porque yo conozco lo que se proponen de antemano, antes que los introduzca en la tierra que juré darles" (Deuteronomio 31:21). La frase "entonces este cántico responderá en su cara como testigo, pues será recordado por la boca de sus descendientes" significa que el cántico no sería fácil de olvidar. Y en una época donde la escritura era limitada, donde no había libros, grabadoras, *CDs o iPods*, Dios sabía que la música era la manera más segura de que el pueblo no olvidara lo que él había hecho por ellos. Hay estudios en el área de la música y la memoria que confirman que la música mejora y estimula la memoria.

Definitivamente, Bezalel y sus compañeros necesitaron del regalo del arte, necesitaron de ese toque de excelencia que da el espíritu de Dios y de ese virtuosismo artístico que le otorgó la capacitación artística. Y todo sería hecho para "honra y hermosura" (Éxodo 28:2, 40). *Poiesis Theou*, el Dios Creador del que emana la creatividad y el arte, convirtió a Bezalel en *b'zelem Elohim*, en un pequeño creador para hacer una extraordinaria obra de arte; el Tabernáculo. Y ese mismo Maestro Creador te ha llamado por tu nombre y te ha otorgado el don del arte.

NOTAS:

[1] James Strong, LL., S. T. D., *The New Strong's Expanded Exhaustive Concordance of the Bible*, (Nashville: Thomas Nelson, 2010), 159.

[2] William Wilson, *Wilson's Old Testament Word Studies*, (Massachusetts: Hendrickson Publishers), 488.

[3] James Strong, LL., S. T. D., *The New Strong's Expanded Exhaustive Concordance of the Bible*, (Nashville: Thomas Nelson, 2010), 159.

[4] William Wilson, *Wilson's Old Testament Word Studies*, (Massachusetts: Hendrickson Publishers), 488.

[5] Finis Jennings Dake, *Dake's Annotated Reference Bible*, (Georgia, Dake Publishing, Inc., 2014), 193.

[6] James Strong, LL., S. T. D., *The New Strong's Expanded Exhaustive Concordance of the Bible*, (Nashville: Thomas Nelson, 2010), 100.

[7] _____, *The New Strong's Expanded Exhaustive Concordance of the Bible,* (Nashville: Thomas Nelson, 2010), 267.

[8] _____, *The New Strong's Expanded Exhaustive Concordance of the Bible,* (Nashville: Thomas Nelson, 2010), 100.

[9] https://www.yourdictionary.com/imagination.

[10] https://www.successconsciousness.com/index_000007.htm.

[11] James Strong, LL., S. T. D, *The New Strong's Expanded Exhaustive Concordance of the Bible,* (Nashville: Thomas Nelson, 2010), 45.

[12] _____, *The New Strong's Expanded Exhaustive Concordance of the Bible,* (Nashville: Thomas Nelson, 2010), 166.

[13] _____, *The New Strong's Expanded Exhaustive Concordance of the Bible,* (Nashville: Thomas Nelson, 2010), 205.

[14] _____, *The New Strong's Expanded Exhaustive Concordance of the Bible,* (Nashville: Thomas Nelson, 2010), 146.

[15] https://www.merriam-webster.com/dictionary/masterpiece.

[16] Emilio Lledó, *El concepto "poíesis" en la filosofía griega,* (Madrid: Edición de Alfonso Silva, 2010 0, 15–16.

[17] _____, *El concepto "poíesis" en la filosofía griega,* (Madrid: Edición de Alfonso Silva, 2010 0, 154.

[18] _____, *El concepto "poíesis" en la filosofía griega,* (Madrid: Edición de Alfonso Silva, 2010), 19.

[19] James Strong, LL., S. T. D., *The New Strong's Expanded Exhaustive Concordance of the Bible,* (Nashville: Thomas Nelson, 2010), 118.

[20] Emilio Lledó, *El concepto "poíesis" en la filosofía griega,* (Madrid: Edición de Alfonso Silva, 2010), 18.

[21] _____, *El concepto "poíesis" en la filosofía griega,* (Madrid: Edición de Alfonso Silva, 2010), 20.

[22] _____, *El concepto "poíesis" en la filosofía griega,* (Madrid: Edición de Alfonso Silva, 2010), 154.

[23] _____, *El concepto "poíesis" en la filosofía griega,* (Madrid: Edición de Alfonso Silva, 2010), 38.

[24] _____, *El concepto "poíesis" en la filosofía griega,* (Madrid: Edición de Alfonso Silva, 2010), 44.

[25] _____, *El concepto "poíesis" en la filosofía griega,* (Madrid: Edición de Alfonso Silva, 2010), 77.

[26] _____, *El concepto "poíesis" en la filosofía griega,* (Madrid: Edición de Alfonso Silva, 2010), 77.

[27] Plato, Shelley, Percy Bysshe, 1792–1822, 1870–1957, *The Banquet of Plato* (Chicago: Way and Williams, 1895), 90.

[28] Platon, *El Banquete.*

CAPÍTULO 6

EL QUE PUEDA ENSEÑAR
Un legado creativo

"Y lo he llenado del Espíritu de Dios, en sabiduría
y en inteligencia, en ciencia y en todo arte"

"Y ha puesto en su corazón el que pueda enseñar"
Éxodo 35:34a

INSTRUYENDO A OTROS

¿Te imaginas enseñar como parte de la llamada artística? ¿Cuántos de nosotros soñamos con desarrollar una carrera en la que nos dediquemos solamente a nuestro trabajo artístico para no tener que complementar la misma con la enseñanza? Escucho esta queja todo el tiempo de mis compañeros artistas. Sin embargo, al explorar el llamado de Bezalel, descubrí que la enseñanza era uno de los regalos que el Señor le dio a Bezalel. Fue autorizado por Dios para "enseñar" a otros las habilidades artísticas necesarias para la construcción del Tabernáculo. Por lo tanto, la enseñanza es parte del plan de Dios para el artista.

La palabra hebrea para enseñar es *yarah* y significa "tirar, señalar, enseñar".[1,2] La palabra aparece alrededor de 80 veces en el Antiguo Testamento hebreo.[3] Es interesante ver la evolución de la palabra. La primera vez que aparece la palabra "*yarah*" está en Génesis 31:51: "Además, Labán le dijo a Jacob: "Mira este montón de piedras y esta señal [*yarah*], que he levantado entre nosotros dos." La palabra también se encuentra en Éxodo 15: 4 (RVC): "El Señor arrojó [*yarah*], al mar los carros y el ejército del faraón; ¡sus capitanes más aguerridos se hundieron en el fondo del Mar Rojo!" Y en 2 Crónicas 26:15a nos dice: "E hizo [Uzías] en Jerusalén máquinas inventadas por ingenieros, para que estuviesen en las torres y los baluartes, para arrojar [*yarah*] saetas y grandes piedras." Según *Vine's Dictionary*, el significado básico de "tirar o lanzar" se ve también en Josué 18: 6: "Vosotros, pues, delinearéis la tierra en siete partes, y me traeréis la descripción aquí, y yo os hecharé [*yarah*] suertes aquí delante de Jehová nuesto Dios". A partir de ahí, la idea de "lanzar" se extiende en dos direcciones. Primero, significa disparar flechas, como en 1 Samuel 20:36: "Y él le dijo a su hijo: 'Corre, encuentra las flechas que yo disparo [*yarah*]'. Corrió y disparó [*yarah*] la flecha sobre él." Y en segundo lugar, significa "señalar", ya que los dedos se lanzan en cierta dirección, como en Génesis 46:28: "Y *Jacob* envió a Judá delante de sí a José, para indicar [*yarah*] delante de él el camino a Gosén; y llegaron a la tierra de Gosén," (LBLA). A partir de este segundo significado, el concepto de enseñanza evolucionó como el "señalar" los hechos y la verdad.[4]

En Éxodo 4:12, el Señor le dice a Moisés: "Ahora pues, ve, y yo estaré con tu boca, y te enseñaré lo que hayas de hablar". Veo un principio espiritual aquí, especialmente para esos momentos en los que tienes que hacer algo que Dios te pide, pero no tienes idea de cómo hacerlo. Este principio ayudaría a Bezalel en su misión. Dios mismo le dice a Moisés que le enseñará lo que debe decir. Y en el versículo 15, confirma una vez más que le enseñará a Moisés lo que debe hacer: "Tú hablarás a él, y pondrás en su boca las palabras, y yo con tu boca y con la suya, y os enseñaré lo que hayáis de hacer".

Esto fue algo nuevo para Moisés. Dios le estaba pidiendo que regresara a Egipto para liberar al pueblo. Moisés estaba lleno de excusas: "¡Ay, Señor! Nunca he sido hombre de fácil palabra, ni antes, ni desde que tú hablas a tu siervo; porque soy tardo y torpe de lengua lenta (versículo 10). Pero Dios tenía un punto de vista diferente: "¿Quién dio la boca al hombre? ¿O quién hizo al mudo y al sordo, al ciego? ¿No soy yo Jehová? Ahora pues, ve, y te enseñaré lo que hayas de hablar" (versículos 11-12).

Después de liberar con éxito al pueblo de Egipto, Moisés necesitaba enseñarle las leyes de Dios. En Éxodo 18:20, Dios le dice a Moisés lo que necesita enseñar: "Y enseña a ellos las ordenanzas y las leyes, y muéstrales el camino por donde deben andar, y lo que han de hacer" (versículo 20). En Éxodo 24:12, el Señor invita a Moisés a encontrarse con Él: "Entonces Jehová dijo a Moisés: Sube a mí al monte, y espera allá, y te daré tablas de piedra, y la ley, y mandamientos que he escrito para enseñarles." Dios le dio a Moisés la información; le dio a Moisés lo que necesitaba enseñar.

No sé exactamente qué pensó Bezalel cuando escuchó a Moisés decir: "Y ha puesto en su corazón el que pueda enseñar". Es interesante notar que en Éxodo 31, el don de la enseñanza no se menciona. Pero cuando Moisés le habló a los hijos de Israel sobre el llamado de Bezalel y de Aholiab, les dijo: " Y ha puesto en su corazón el que pueda enseñar, así él como Aholiab"(Éxodo 35:34a). No tengo dudas de que esa era la intención de Dios desde el principio. Por lo tanto, en el plan perfecto de Dios, Él comienza enseñándonos y capacitándonos. Luego nos dice: "Ahora, ve y enseña a otros".

Encuentro en la Biblia que era la responsabilidad de los líderes de la nación enseñar. Estos establecieron el sistema educativo. A veces queremos hacer todo nosotros mismos, pero Dios tiene una mejor idea. Por ejemplo, Éxodo 18: 17–20 dice:

Entonces el suegro de Moisés le dijo: No está bien lo que haces.

Desfallecerás del todo, tú, y también este pueblo que está contigo; porque el trabajo es demasiado pesado para ti; no podrás hacerlo tú solo.

Oye ahora mi voz; yo te aconsejaré, y Dios estará contigo. Está tú por el pueblo delante de Dios, y somete tú los asuntos a Dios.

Y enseña a ellos las ordenanzas y las leyes, y muéstrales el camino por donde deben andar, y lo que han de hacer.

Y en 2 Crónicas 17: 7–9, podemos encontrar lo siguiente:

Al tercer año de su reinado envió sus príncipes Ben-hail, Abdías, Zacarías, Natanael y Micaías, para que enseñasen en las ciudades de Judá;

y con ellos a los levitas Semaías, Netanías, Zebadías, Asael, Semiramot, Jonatán, Adonías, Tobías y Tobadonías; y con ellos a los sacerdotes Elisama y Joram.

Y enseñaron en Judá, teniendo consigo el libro de la ley de Jehová, y recorrieron todas las ciudades de Judá enseñando al pueblo.

Tanto en Éxodo 18: 17–23 como en 2 Crónicas 17: 7–9, el líder de la nación y sus representantes establecieron el sistema educativo. Entonces, no es una sorpresa que una vez que Bezalel se convirtió en el director de la construcción del Tabernáculo y Aholiab, su asistente, Dios les dio el don de la enseñanza. Fueron autorizados y enseñados por Dios para hacer el Tabernáculo. Ahora Bezalel y Aholiab necesitan impartir a otros lo que han aprendido.

El Diccionario Merriam-Webster define "enseñar" como "cualquier forma de impartir información o habilidad para que otros puedan aprender".[5] Encuentro en la palabra *yarah* diferentes formas de enseñanza. Por ejemplo, volvamos a ver los significados de la palabra. *Yarah* significa lanzar, dirigir, enseñar, instruir, señalar y mostrar, entre otras cosas. Como líderes, y especialmente como artistas, Bezalel y Aholiab iban a necesitar diferentes formas de enseñanza. Exploremos la palabra "dirigir". Según el diccionario, "dirigir" es "llevar a cabo la organización, y supervisión de un proyecto".[6] Esto era exactamente lo que Bezalel iba a hacer. Iba a dirigir la construcción del Tabernáculo, y necesitaba organizar los equipos y priorizar las tareas. También necesitaba mantener a todos motivados, comprometidos con el proyecto y de buen humor. Las condiciones de trabajo en el desierto probablemente no eran las mejores, y estaban haciendo algo que no tenía precedentes. Estaban aprendiendo y haciéndolo al mismo tiempo. Todo tenía que hacerse de acuerdo con el diseño de Dios. Ese fue un gran desafío. Bezalel también necesitaba supervisar el trabajo porque tenía que presentarlo ante Moisés para su aprobación. En consecuencia, implícito en el don de la enseñanza está la capacidad de organizar y supervisar un proyecto y motivar a las personas que trabajan en él.

Yarah también significa mostrar o demostrar, e "implica mostrar por acción".[7] Veamos la preparación de los colores. Uno puede explicar cómo hacerlo o hacer que alguien lea sobre ello, pero demostrar el proceso es una forma más rápida y precisa de enseñar la habilidad. Instruir es "dar conocimiento, proporcionar información o consejos autorizados, lo que también implica una mayor formalidad".[8] Dirigir e instruir "ambos connotan la expectativa de obediencia y generalmente se refieren a puntos específicos de un procedimiento o método".[9] Por otro lado, "informar", otro de los significados de *yarah*, "significa hacer que uno se dé cuenta de algo e implica impartir conocimiento, especialmente sobre hechos o acontecimientos".[10] Es un enfoque menos formal. Y "señalar" significa "dirigir la atención de alguien hacia (alguien o algo) señalando o hablando o mencionando (algo que uno cree que es importante)".[11] Esto puede ser útil cuando se desea resaltar un punto específico o detalle.

Parece inesperado que Bezalel y Aholiab recibieran el don de la enseñanza por parte del Señor. Y este regalo, a pesar de que se mencionó el último, es tan importante como los primeros cinco. Este don los capacitó y los preparó para hacer el trabajo de manera organizada; al mismo tiempo, les ayudó a dejar una poderosa continuidad y legado para su nación. Habría momentos para dirigir el proyecto, y habría momentos para impartir conocimiento. Bezalel necesitaba saber cómo dirigir este proyecto de tal manera que estuviera en línea con el diseño que el Señor le había mostrado a Moisés. En ocasiones, la enseñanza debía impartirse de manera formal y estructurada, por ejemplo, las medidas o los materiales que se utilizarían y en qué lugares específicos o para qué mueble específico se utilizarían. Y en otros casos, tenían que demostrar el procedimiento, por ejemplo, cómo teñir las telas o las pieles para que se vean iguales. Estoy segura de que hubo demostraciones de cómo tejer, pintar telas, cortar madera o fundir metales.

La enseñanza es importante. No solo se repite la información que se ha memorizado, sino que la memorización es importante. Por ejemplo, el Señor le dijo a Moisés: "Ahora pues, escribíos este cántico, y enséñalo a los hijos de Israel; ponlo en boca de ellos, para que este cántico me sea por testigo contra los hijos de Israel" (Deuteronomio 31:19). Los hijos de Israel necesitaban memorizar la canción. Al mismo tiempo, hay cosas que puede enseñar al contar una historia, mientras que otras se aprenden simplemente estando cerca del maestro, observándolo y escuchándolo.

En Romanos 12, el apóstol Pablo escribió sobre una serie de dones que el Señor le da a su pueblo, y uno de ellos es la enseñanza. Además, en Efesios 4:11, hay una descripción del ministerio quíntuple, y entre ellos encuentras a los maestros. El versículo 12 nos dice el propósito del ministerio quíntuple: "para la edificación del cuerpo de Cristo". Creo firmemente que, desde el principio de los tiempos, Dios quería que compartiéramos nuestro don de arte con otros, y ¿qué mejor manera de hacerlo que a través de la enseñanza?

Por otro lado, si hay maestros, hay estudiantes. Como estudiantes, debemos ser humildes y reconocer cuándo pedir ayuda. Una forma de crecer es inscribirse en un taller o volver a la escuela para una capacitación más intensa. Es necesario conocer la técnica de cómo trabajar el medio artístico en el que tienes habilidad. Entiendo que Dios da el don de enseñar porque aprender es importante y necesario. No puede haber maestros sin estudiantes. A veces juzgamos rápidamente a las personas que estudian. Sin embargo, Dios dio el don de enseñar a Bezalel y a Aholiab. Entiendo que algunas personas pueden recibir el don del arte de una manera sobrenatural; otros necesitan ser enseñados. Lo importante es usar tu don para glorificar a Dios, y siempre hay espacio para crecer.

Si Dios te llamó a cantar, estudia canto, y si te llamó a bailar, estudia danza. Puedes comenzar a desarrollar el talento lentamente; todos tenemos un comienzo. De cualquier manera, entiendo que estudiar es importante para desarrollar el talento. He conocido personas que dicen: "No estudio porque el Señor me dio el talento". Perfecto. Dios te dio el talento, y con el talento viene la responsabilidad de desarrollarlo. Si es verdad que Dios te dio el talento y no necesitas desarrollarlo porque Él te lo dio completamente desarrollado, todos seremos testigos de tu talento y nos regocijaremos, y Dios será glorificado a través de el mismo. Pero cuando miro lo que tienes para ofrecer y veo que la manifestación artística carece de un nivel de excelencia, me pregunto: "Y ¿qué pasó aquí?"

Para aclarar el punto de estudiar, no solo estoy hablando de programas universitarios. Puedes tomar clases con maestros independientes, o en los distintos ministerios de arte de la iglesia, talleres comunitarios o institutos de arte, entre otros lugares. Puedes comenzar con una sola clase o como aprendiz en un grupo. La idea es que el regalo que Dios depositó en ti se desarrolle para que puedas llevarlo a un nivel de excelencia donde incluso aquellos que no conocen a Dios puedan decir, como Faraón cuando José interpretó sus sueños: "¿Acaso hallaremos a otro hombre como éste, en quien esté el espíritu de Dios?" (Génesis 41:38).

Bezalel y Aholiab recibieron seis regalos, y entre ellos estaba el regalo de la enseñanza. Estoy más que segura de que había personas que querían participar en la construcción del Tabernáculo y tenían el llamado, pero tal vez no tenían idea de cómo preparar los colores o cómo cortar madera, pero Bezalel y Aholiab estaban listos para compartir sus conocimientos con ellos. Como resultado, hicieron todo de acuerdo con lo que Dios le ordenó a Moisés, y las personas que tenían las habilidades las compartieron con quienes no las tenían. Por lo tanto, el Tabernáculo fue construido con un alto nivel de excelencia, y el Señor fue glorificado.

NOTAS:

[1] James Strong, LL.D., S.T.D., *The New Strong's Expanded Exhaustive Concordance of the Bible*, (Nashville: Thomas Nelson), 257.

[2] Robert Young, *Young's Analytical Concordance to the Bible*, (Peabody, MA: Hendrickson Publishers, 2011), 962.

[3] W. E. Vine, *Vine's Complete Expository Dictionary of Old and New Testament Words* (Nashville: Thomas Nelson), 120–121.

[4] _____. *Vine's Complete Expository Dictionary of Old and New Testament Words* (Nashville: Thomas Nelson), 257.

[5] https://www.merriam-webster.com/dictionary/teach.

[6] https://www.merriam-webster.com/dictionary/direct.

[7] https://www.merriam-webster.com/dictionary/show.

[8] https://www.merriam-webster.com/dictionary/direct.

[9] https://www.merriam-webster.com/dictionary/direct.

[10] https://www.merriam-webster.com/dictionary/inform.

[11] https://www.merriam-webster.com/dictionary/point%20out.

CONCLUSIÓN

¿ARTISTA?

HACIA UNA
TEOLOGÍA DEL ARTE

CONECTANDO CIELO Y TIERRA A TRAVÉS DE LAS ARTES

L a historia de Bezalel todavía me sorprende: un artista llamado por Dios. Aún más, todavía recuerdo el momento en que descubrí su historia. Después de descubrir a Bezalel, soñé con Dios llamando mi nombre y distinguiéndome para ser artista. Soñé con usar el arte como un instrumento de transformación para la gloria de Dios. También sigo teniendo un inmenso deseo de ver que de la misma manera que Dios muestra el diseño del Tabernáculo a Moisés, Él hará lo mismo con nosotros. Y desde entonces, propuse en mi corazón contar la historia de Bezalel a todos los artistas. Este libro es una extensión de ese sueño. Quería que descubrieras a Bezalel y especialmente que tú también te apropies de los seis regalos que Dios le dio a Bezalel, Oholiab y al grupo de artistas sabios que colaboraron con Bezalel.

Después de descubrir Bezalel, continué investigando su vocación artística, el trabajo del Tabernáculo y sus logros. Al principio, la información era limitada, pero tenía hambre de Dios y de las artes. Durante el proceso, tuve sueños y visiones sobre el plan de Dios para las artes. Eso me mantuvo en marcha. Y descubrí un patrón divino. Lo llamé la teología del arte. ¿Por qué lo llamé así? Tengo una respuesta muy simple. La teología proviene de dos palabras griegas: "Theos", que significa Dios, y "logy", que proviene de "logos" (palabra); por lo tanto, la teología es el estudio de Dios tal como se revela en la Biblia, la Palabra de Dios. Entonces, cuando digo teología del arte, estoy estudiando lo que Dios dice en la Biblia sobre el arte. Creo que la historia del llamado de Bezalel incluye los fundamentos o las pautas de una posible teología del arte.

Bezalel es también un maravilloso modelo para los artistas contemporáneos. Probablemente, hubo momentos en que Bezalel sintió el deseo de agregar su toque personal o particular al Tabernáculo. Sin embargo, la Biblia dice que Bezalel hizo todo "como el Señor le ordenó a Moisés". Bezalel hizo que Moisés se viera bien delante del Señor. Y estas son palabras importantes. El mandamiento que recibió Moisés fue único. Recuerde que el Señor había convocado una reunión en la montaña que duró cuarenta días y cuarenta noches. Allí, le dio los Diez Mandamientos a Moisés, las leyes generales que servirían como guía para una nación que apenas se estaba formando, y le mostró cómo se haría el Tabernáculo. La obediencia de Bezalel hizo que Moisés se viera bien ante Dios. Puedo decir que Moisés se paró con la cabeza bien alta delante del Señor y, con gran satisfacción, que todo se hizo "como se mostró en la montaña".

El Tabernáculo, en nuestros días, es un testimonio del plan de salvación para nuestras vidas, una sombra de lo que estaba por venir, JESÚS. Y la obediencia de Bezalel hizo que el mensaje del Señor llegara intacto. Entiendo que Bezalel es para nosotros artistas un ejemplo de obediencia, sumisión y carácter contrario a lo que sucedió, por ejemplo, con Coré. Hemos visto cómo Bezalel completó con éxito la tarea a la que fue llamado y capacitado.

Cuando quise aprender sobre el arte en la Biblia, le pregunté a Dios, y Él dirigió mis pasos hacia Éxodo 31 y 35, y allí conocí a Bezalel, su llamado y su logro. A través de estos pasajes, encontré que el fundamento bíblico de lo que entiendo puede ser la teología del arte.

Por lo tanto, imagino una teología del arte:

- Que proclama que el arte es la voluntad de el Señor y un regalo del Dios Creador para la humanidad.
- Que declara que los artistas son creadores por naturaleza divina y que, en el momento de nuestra creación, el Señor respira Su Espíritu, dándonos Su aliento de vida, impartiéndonos Su Espíritu Creador.
- Que entiende que el Señor elige y llama a los artistas por su nombre.
- Que anuncia que el Señor llena a los artistas con su Espíritu Santo.

- Que celebra que el Señor empodera a los artistas con el espíritu de la sabiduría.
- Que afirma que el Señor pone en los artistas el espíritu de inteligencia y entendimiento.
- Que dice que el Señor ha dotado a los artistas con el espíritu de conocimiento.
- Que se alegra de que el Señor haya capacitado a los artistas con el espíritu de arte y creatividad.
- Que se deleita que el Señor haya inspirado a artistas con la habilidad de enseñar.
- Que da a conocer que el Señor ama que los artistas obedezcan y se sometan a Dios y a los líderes.
- Que reconoce que los artistas están bajo la sombra y protección especial del Dios Altísimo.
- Que comprende que los artistas son una sombra nacida de la luz del Creador.
- Que reconoce que los artistas son el reflejo del Dios Creador, pequeños creadores.
- Que exhorta a los artistas a reconocer a el Señor y a Su Palabra como su luz.
- Que enseña a los artistas que sus vidas deben estar completamente dedicadas a el Señor.
- Que reconoce que los artistas son adoradores, que pertenecemos a la tribu de Judá (alabanza), llamados a enfatizar la gloria de Dios.
- Que enseña a los artistas a reflejar la grandeza de nuestro Dios.
- Que sabe que solo el artista que ama a Dios y respeta sus leyes puede cumplir el compromiso de crear arte para la gloria de Dios.
- Que reconoce que el talento artístico no se limita solo a la Iglesia. El Señor nos lo ha dado para la bendición de la humanidad, para "gloria y hermosura" de su nombre. Y si solo glorificamos a Dios en la Iglesia, ¿cómo iluminaremos al mundo secular que no lo conoce? Que de la misma manera que los gobernantes y los pueblos vieron a el Señor a través del trabajo desarrollado por José, Salomón y Daniel, la humanidad pueda ver y glorificar a Dios a través de nuestro trabajo artístico.

Entiendo que, como artistas llamados por Dios, necesitamos brillar y reflejar su gloria. Y es en este momento cuando, como artistas, Jesús nos dice:

Vosotros sois la luz del mundo; una ciudad asentada sobre un monte no se puede esconder.

Ni se enciende una luz y se pone debajo de un almud, sino sobre el candelero, y alumbra a todos los que están en casa.

Así alumbre vuestra luz delante de los hombres, para que vean vuestras buenas obras, y glorifiquen a vuestro Padre que está en los cielos. (Mateo 5: 14–16).

APENDICES

¿ARTISTA?

APÉNDICE A
El Trabajo Por Realizar

Siguiendo el orden que aparece en la Biblia, de Éxodo 25 a Éxodo 30, Dios ordena a Moisés realizar lo siguiente:

EL ARCA DEL TESTIMONIO (Éxodo 25:10-22)

Medidas:
- Largo 3 ¾ pies (1. 12 m)
- Ancho 2 ¼ pies (68 cm)
- Altura 2 ¼ pies (68 cm)

Especificaciones:
- El arca será hecha de madera de acacia.
- El arca será cubierta de oro puro por dentro y por fuera.
- El arca debe tener sobre ella una cornisa de oro alrededor.
- Tendrá un anillo de oro fundido en cada esquinas, dos anillos a un lado y dos anillos al otro lado para un total de cuatro anillos de oro fundido.
- Y dos varas de madera de acacia revestidas de oro.
- Las varas se pasarán por los anillos a los lados del arca, para llevar el arca con ellas y se mantendrán en los anillos del arca todo el tiempo.

Propósito:
- "Y pondrás en el arca el testimonio que yo te daré" (Éxodo 25:16). Hebreos 9:4 nos dice, "contenía el maná, la vara de Aarón que reverdeció, y las tablas del pacto". (Las tablas del pacto son los Diez Mandamientos, Deuteronomio 10:1-5.)

Cubierta de oro

Medidas:

- Largo 3 ¾ pies (1.12 m)
- Ancho 2 ¼ pies (68 cm)

Especificaciones:

- La tapa del arca será de oro puro.
- La cubierta con los querubines en sus dos extremos será de una sola pieza.
- La cubierta irá sobre el Arca del testimonio en el Lugar Santísimo (Éxodo 26:34).

Propósito:

- "Y de allí me declararé á ti, y hablaré contigo de sobre la cubierta, de entre los dos querubines que están sobre el arca del testimonio, todo lo que yo te mandaré para los hijos de Israel" (Éxodo 25:22).

Los querubines

Especificaciones:

- Serán de oro labrado a martillo.
- Un querubín en un extremo de la cubierta y el otro en el otro extremo. Tanto la cubierta y los querubines en sus dos extremos estarán hechos de una sola pieza.
- Las alas de los dos querubines estarán extendidas hacia arriba, de manera que se cubrirá la cubierta con las alas y estarán uno frente al otro. Los rostros de los querubines estarán mirando hacia la cubierta.

MUEBLES Y ACCESORIOS

Mesa para el pan de la proposición (Éxodo 25:23-30)

Medidas:

- Largo 3 pies (90 cm)
- Ancho 1 ½ pies (45 cm)

- Alto 2 ¼ pies (68 cm)

Especificaciones:

- Mesa de madera de Sittim (acacia) revestida de oro puro.
- Se hará una cornisa de oro alrededor de la mesa.
- Alrededor de la cornisa se hará una moldura de 4 pulgadas (7. 5 cm) de ancho.
- A la moldura se le hará una cornisa de oro.
- Tendrá cuatro anillos de oro, los cuales se pondrán en las cuatro esquinas.
- Cerca del borde estarán los anillos para pasar por ellos las varas a fin de llevar la mesa.
- Dos varas de madera de Sittim (acacia), revestidas de oro para llevar la mesa.
- Las fuentes, vasijas, jarros y tazones para las libaciones serán de oro puro.
- La mesa estará fuera del velo, en el lado norte. (Éxodo 26:35).

Propósito:

- "Y pondrás sobre la mesa el pan de la proposición delante de mí continuamente" (Éxodo 25:30).

Candelero de oro (Éxodo 25:31-39)

Medidas:

- El candelero, con todos estos utensilios, será hecho de 75 libras (34 kilos) de oro puro. Algunos investigadores calculan que el peso era de alrededor de 107 libras, ya que el peso exacto de un talento de oro no es conocido.

Especificaciones:

- El candelero, su pie o base y su caña se harán labrados a martillo.
- Su pie, su caña, sus copas, sus manzanas y sus flores serán de una sola pieza.

- De sus lados saldrán seis brazos, tres brazos del candelero de uno de sus lados y tres brazos del candelero del otro lado.
- Habrá tres copas en forma de flor de almendro en un brazo, con una manzana y una flor; y tres copas en forma de flor de almendro en el otro brazo, con una manzana y una flor; así en los seis brazos que salen del candelero.
- En la caña del candelero habrá cuatro copas en forma de flor de almendro, con sus cálices o manzanas y sus flores.
- Habrá una manzana debajo de los dos primeros brazos que salen de él, y una manzana debajo de los dos siguientes brazos que salen de él, y una manzana debajo de los dos últimos brazos que salen de él; así con los seis brazos que salen del candelero.
- Sus manzanas y sus brazos serán de una sola pieza.
- Todo ello será una sola pieza de oro puro labrado a martillo.
- Siete candilejas, con sus despabiladeras y sus platillos de oro puro.
- El candelero estará frente de la mesa en el lado del tabernáculo hacia el sur (Éxodo 26:35).

Propósito:
- Para alumbrar el espacio frente al candelero (Éxodo 25:37).

EL TABERNÁCULO

Cortinas de lino torcido para el tabernáculo (Éxodo 26:1-6)

Medidas:
- El largo de cada cortina será de 42 pies (12.6 m)
- El ancho de cada cortina será de 6 pies (1.8 m)
- Todas las cortinas tendrán una misma medida.

Especificaciones:
- El tabernáculo tendrá diez cortinas de lino torcido de cárdeno o tela azul (una mezcla de añil con rojo oscuro), púrpura y carmesí, con querubines, obra de hábil artífice u obra primorosa. (Para

facilitar la diferenciación entre los colores se usaría el azul en vez de cárdeno).

- Cinco de las cortinas estarán unidas una con la otra. También las otras cinco cortinas estarán unidas una con la otra.
- Lazos de tela azul en el borde de la cortina del extremo del primer enlace, y de la misma manera en el borde de la cortina del extremo del segundo enlace.
- 50 lazos en la primera cortina, y 50 lazos en el borde de la cortina que está en el segundo enlace. Los lazos se corresponderán unos a otros.
- 50 broches de oro, y con los broches se unirán las cortinas una a la otra, de manera que el tabernáculo sea una unidad.

Cortinas de pelo de cabra (Éxodo 26:7-13)

Medidas:
- Once cortinas de una misma medida.
- El largo de cada cortina será de 45 pies (13.5 m)
- Ancho de cada cortina 6 pies (1.8 m)

Especificaciones:
- Las cortinas de pelo de cabra, a manera de tienda sobre el tabernáculo.
- Se unirán cinco cortinas entre sí y las otras seis cortinas también entre sí.
- Se doblará la sexta cortina en el frente de la tienda.
- 50 lazos en el borde de la cortina del extremo del primer enlace, y 50 lazos en el borde de la cortina del extremo del segundo enlace.
- 50 broches de bronce, y se pondrá los broches en los lazos y se unirá la tienda para que sea un todo.
- El exceso que sobra de las cortinas de la tienda, la media cortina que queda, caerá sobre la parte posterior del tabernáculo.
- En un lado 1 ½ pies (45 cm) y en el otro lado 1 ½ pies (45 cm) de lo que sobra de la longitud de las cortinas de la tienda, caerá en los costados del tabernáculo, a un lado y a otro, para cubrirlo.

Propósito:
- Cubierta para el techo del tabernáculo.

Cubierta de cueros de carneros (Éxodo 26:14a)

105

Especificaciones:
- Otra cubierta de cueros de carnero teñidos de rojo.

Propósito:
- Encima de las cortinas de pelo de cabra, en el techo.

Cubierta de cueros de tejones (Éxodo 26:14b)

Especificaciones:
- Cubierta de pieles de tejones.
- Se cree que la piel de tejón o "tahash" era por naturaleza de muchos colores y que el diseño natural de la piel era de listas.

Propósito
- Encima de la cubierta de piel de carnero, en el techo.

LA ESTRUCTURA DEL TABERNÁCULO (Éxodo 26:15-37)

Las tablas verticales (Éxodo 26:15-29)

Medidas:
- Largo de cada tabla: 15 pies (4.5 m)
- Ancho de cada tabla: 2 ¼ pies (68 cm)

Especificaciones:
- Las tablas verticales para el tabernáculo de madera de Sittim (acacia) se colocarán verticalmente.
- Cada tabla tendrá dos espigas para unirlas una con otra.
- Veinte tablas para el lado sur.
- Cuarenta (40) basas o zócalos de plata debajo de las veinte (20) tablas: dos basas o zócalos debajo de una tabla para sus dos espigas, y dos basas o zócalos debajo de la otra tabla para sus dos espigas.
- Para el segundo lado del tabernáculo, el lado norte, veinte (20) tablas, y sus cuarenta (40) basas o zócalos de plata: dos

basas o zócalos debajo de una tabla y dos basas o zócalos debajo de la otra tabla.

- Para la parte posterior del tabernáculo, hacia el occidente, seis tablas. Dos tablas para las esquinas del tabernáculo en la parte posterior.
- Serán dobles por abajo, y estarán completamente unidas por arriba hasta el primer anillo.
- Así será con las dos: formarán las dos esquinas. Habrá ocho tablas con sus basas de plata, dieciséis (16) basas o zócalos; dos basas o zócalos debajo de una tabla y dos basas o zócalos debajo de la otra tabla.

Barras de madera de acacia (Éxodo 26:26-30)

Especificaciones:
- Cinco barras de acacia para las tablas de un lado del tabernáculo.
- Cinco barras para las tablas del lado posterior del tabernáculo, hacia el occidente.
- La barra del medio en el centro de las tablas pasará de un extremo al otro.
- Se revestirá de oro las tablas, y se hará de oro sus argollas, por donde pasarán las barras. Se revestirá de oro las barras.
- Nota: La función vital de las barras era fortalecer la estructura del tabernáculo al unir las tablas y mantenerlas firmemente juntas.

Propósito:
- "Entonces levantarás el tabernáculo según el plan que te ha sido mostrado en el monte".

El velo (Éxodo 26:31-33)

Especificaciones:
- Velo de tela azul, púrpura y carmesí, y de lino fino torcido. Será hecho con querubines, obra de hábil artífice u obra primorosa.

- Se colgará sobre cuatro columnas de Sittim (acacia) revestidas de oro.
- Sus ganchos serán también de oro, sobre cuatro basas de plata.
- Se colgará el velo debajo de los broches, y se pondrá detrás del velo, el Arca del testimonio.
- El velo, 30 pies desde la apertura del tabernáculo.

Propósito:
- El velo les servirá como división entre el lugar santo y el lugar santísimo.

Puerta del tabernáculo (Éxodo 26:36-37)

Especificaciones:
- De tela azul, púrpura, carmesí y de lino torcido, obra de tejedor.
- Cinco columnas de Sittim (acacia) para la cortina, revestidas de oro.
- Los ganchos serán también de oro.
- Se fundirá cinco basas de bronce para ellas.

Propósito:
- Una cortina para la entrada de la tienda.

EL ATRIO Y LA PUERTA (Éxodo 27:9-19)

El atrio (Éxodo 27:9-19)

Especificaciones y medidas:
- Al lado sur habrá cortinas de lino torcido para el atrio, de 150 pies (45 m) de largo por un lado.
- Sus columnas serán veinte (20), con sus veinte (20) basas de bronce.
- Los ganchos de las columnas y sus molduras serán de plata.

- Asimismo, a lo largo del lado norte habrá cortinas de (150 pies) 45 m de largo y sus veinte (20) columnas con sus veinte (20) basas serán de bronce.
- Los ganchos de las columnas y sus molduras serán de plata.
- Para el ancho del atrio en el lado occidental habrá cortinas de 75 pies (22.5 m) con sus diez (10) columnas y sus diez (10) basas.
- El ancho del atrio en el lado oriental será de 75 pies (22.5 m).
- Las cortinas a un lado de la entrada serán de 22 ½ pies (6.75 m) con sus tres columnas y sus tres basas.
- Y para el otro lado habrá cortinas de 22 ½ (6.75 m) con sus tres columnas y sus tres basas.
- Para la puerta del atrio habrá una cortina de 30 pies (9 m) de tela azul, púrpura y carmesí, y de lino fino torcido, obra de tejedor, con sus cuatro columnas y sus cuatro basas.
- Todas las columnas alrededor del atrio tendrán molduras de plata.
- Sus ganchos serán de plata y sus basas de bronce.
- El largo del atrio será de 150 pies (45 m), el ancho de 75 pies (22.5 m) por cada lado y la altura 7 ½ pies (2.25 m); sus cortinas de lino fino torcido, y sus basas de bronce.
- Todos los utensilios del tabernáculo, usados en todo su servicio, y todas sus estacas, y todas las estacas del atrio serán de bronce.

Puerta del atrio (Éxodo 27:16)

Especificaciones:
- Para la puerta del atrio habrá una cortina de 30 pies (9 m).
- Tela azul, púrpura y carmesí, y de lino torcido, obra de bordador.
- Cuatro columnas y sus cuatro basas.

El altar de bronce (Éxodo 27:1-8)

Especificaciones:

- El altar de madera de acacia.
- Largo 7 ½ pies (2.25 m).
- Ancho 7 ½ pies (2.25 m), el altar será cuadrado.
- Alto 4 ½ pies (1.35 m)
- Cuernos en sus cuatro esquinas.
- Los cuernos serán de una misma pieza con el altar, revestidos de bronce.
- Hacer recipientes para recoger las cenizas, sus palas, sus tazones, sus garfios y sus braseros.
- Todos los utensilios de bronce.
- Enrejado de bronce en forma de red y, sobre la red, cuatro argollas de bronce en sus cuatro extremos, bajo el borde del altar, de manera que la red llegue hasta la mitad del altar.
- Varas para el altar, varas de madera de acacia, revestidas de bronce.
- Las varas se meterán en las argollas, de manera que las varas estén en ambos lados del altar cuando sea transportado.
- El altar hueco, de tablas; según mostrado en el monte.

VESTIDURAS SAGRADAS (Éxodo 28:1-4)

Especificaciones:
- Materiales: oro, tela azul, púrpura, carmesí y lino fino.
- Vestiduras sagradas para Aarón.
- Vestiduras: un pectoral, un efod, un manto, una túnica tejida a cuadros, una tiara y un cinturón.

Propósito:
- Para gloria y hermosura
- Para consagrar a Aarón y a sus hijos como sacerdotes.

El efod de oro (Éxodo 28:4-7)

Especificaciones:

- De tela azul, púrpura y carmesí y de lino torcido, obra de hábil artífice.
- Tendrá dos hombreras que se junten a sus dos extremos, para que se pueda unir.
- Dos piedras de ónice y grabar en ellas los nombres de los doce (12) hijos de Israel.
- Seis de los nombres en una piedra y los seis nombres restantes en la otra piedra, según el orden de su nacimiento.
- Las piedras, engastadas en filigrana de oro.
- Las dos piedras estarán en las hombreras del efod, como piedras memoriales para los hijos de Israel.
- Aarón llevará sus nombres delante del Señor, sobre sus dos hombros, por memorial.
- Engastes de filigrana de oro.
- Dos cadenillas de oro puro, en forma de cordones trenzados, y las cadenillas trenzadas estarán junto con los engastes de filigrana.

El cinto

Materiales:
- De oro, de tela azul, púrpura, carmesí y de lino fino torcido.

Especificaciones:
- Hábilmente tejido, sobre el efod.

Pectoral (Éxodo 28:15-21)

Especificaciones:
- Obra de hábil artífice.
- Similar a los materiales del efod: de oro, de tela azul, púrpura, carmesí y de lino torcido.
- Cuadrado y doble, 9 pulgadas (25 cm).
- Se montará en él cuatro hileras de piedras.
- La 1ª hilera será una hilera de un sárdica, un topacio y un carbunclo (esmeralda).
- La 2ª hilera, una esmeralda, un zafiro y un diamante.

- La 3ª hilera, un rubí, una ágata y una amatista.
- La 4ª hilera, un berilo, un ónix y un jaspe.
- Todas estarán engastadas en filigrana de oro.
- Las piedras serán doce (12), según los nombres de los hijos de Israel.
- Serán como las grabaduras de un sello, cada una según su nombre, para las doce tribus.

El manto del efod (Éxodo 28:31-35)

Especificaciones:
- El manto del efod será todo de tela azul.
- Habrá una abertura en el medio de su parte superior.
- Alrededor de la abertura habrá una orla tejida, como la abertura de una cota de malla, para que no se rompa.
- En su borde inferior habrá granadas de tela azul, púrpura y escarlata alrededor, en todo su borde, y entre ellas, también alrededor, campanillas de oro: una campanilla de oro y una granada, otra campanilla de oro y otra granada, y así alrededor de todo el borde del manto.

Propósito:
- Estará sobre Aarón cuando ministre.
- Y el tintineo se oirá cuando entre en el lugar santo, delante del Señor, y cuando salga, para que no muera.

Lámina de oro puro (Éxodo 28:36-38)

Especificaciones:
- Lámina de oro puro.
- Se grabará en ella, como las grabaduras de un sello: "SANTIDAD A JEHOVÁ".
- Se fijará en un cordón azul, y estará sobre la tiara, en la parte delantera.

Propósito:
- La lámina estará siempre sobre la frente de Aarón, para que obtenga gracia delante de Jehová.

Túnicas, mitra, cintos, tiaras y calzoncillos (Éxodo 28:39-43)

Especificaciones:
- Bordar una túnica de lino.
- Una mitra o tiara de lino.
- Un cinto, obra de un recamador.
- Túnicas, cintos y chapeos o tiaras (para los hijos de Aarón).
- Pañetes de lino, desde los lomos hasta los muslos.

ALTAR PARA QUEMAR INCIENSO, PILA DE BRONCE, EL ACEITE DE LA UNCIÓN Y EL INCIENSO

Altar para quemar incienso (Éxodo 30:1-10)

Medidas:
- Cuadrado: 18 pulgadas cuadradas (45 cm).
- 3 pies (90 cm) de alto.

Especificaciones:
- De madera de Sittim (acacia).
- Cuernos de una sola pieza.
- Revestido de oro puro: su parte superior, sus lados en derredor y sus cuernos.
- Cornisa de oro alrededor.
- Dos argollas de oro debajo de su cornisa; en sus dos lados, en lados opuestos, y servirán de sostén para las varas, con las cuales se transportará.
- Varas de madera de acacia, revestidas de oro.
- Posición del altar: delante del velo que está junto al Arca del testimonio, delante del propiciatorio que está sobre el Arca del testimonio.

Propósito
- Aarón quemará incienso aromático sobre él cada mañana al preparar las lámparas.

Fuente de metal (Éxodo 30:17-21)

Especificaciones:
- Base de metal (bronce) .
- Se colocará agua entre el Tabernáculo del testimonio y el altar.

Propósito:
- Para lavarse, con ella se lavarán las manos y los pies Aarón y sus hijos al entrar en la tienda del testimonio, para que no mueran.
- También, cuando se acerquen al altar a ministrar para quemar una ofrenda encendida a Jehová, se lavarán las manos y los pies para que no mueran.
- Será estatuto perpetuo para ellos.

Aceite de la unción (Éxodo 30:22-33)

Especificaciones:
  Tomar de las especias más finas:
- Mirra fluida, 18 libras.
- Canela aromática, la mitad, 9 libras.
- Caña aromática, 9 libras.
- Casia, 18 libras.
- Aceite de oliva, 1 ½ galones.
- Mezclar.

Propósito:
- Será aceite de santa unción.
- Para ungir:
  - La tienda de reunión.
  - El Arca del pacto.
  - La mesa y todos sus utensilios.
  - El candelero y sus utensilios.
  - El altar del incienso.
  - El altar del holocausto y todos sus utensilios.
  - La pila y su base.
  - A Aarón y a sus hijos.

El incienso (Éxodo 30:34-38)

Especificaciones:
- Aromas o especias, estacte (resina de un árbol), uña olorosa (resina de color café oscuro), gálbano aromático (originalmente se obtenía de una planta que produce una sustancia lechosa de consistencia gomosa) e incienso limpio (resina aromática y gomosa), de cada una igual peso o igual cantidad.
- Con ello se hará una confección aromática (incienso), obra de perfumador, mezclada, pura y santa.
- Y se molerá parte de él muy fino, y se pondrá una parte delante del testimonio, en el Tabernáculo del testimonio.
- Y este incienso no se hará en las mismas proporciones para uso propio o personal, porque esta proporción es específica, consagrada a Jehová.

Propósito:
- El incienso será santo para Jehová. Cualquiera que haga incienso como este, para usarlo como perfume, será cortado de entre su pueblo.

¿ARTISTA?

APÉNDICE B
El Trabajo Realizado

A manera de resumen:

- Las medidas generales del tabernáculo eran de 150 pies o 46 m de largo por 75 pies o 23 m de ancho.
- El tabernáculo estaba hecho de madera de acacia, la cual fue cubierta de oro, y puesta sobre zócalos de plata.
- En el lado este del tabernáculo, había un velo que tenía bordado querubines y colgaba de cinco pilares cubiertos de oro.
- A treinta pies de la entrada, se encontraba el velo, que al igual que el velo de la entrada, estaba bordado con querubines.
- Este velo dividía el lugar Santo del Lugar Santísimo. En el lugar santo se encontraba el candelero, la mesa y el altar de oro.
- Y en el Lugar Santísimo, se encontraba el arca del pacto.

EL TABERNÁCULO
Mandato: Éxodo 26: 1-6; Realización: Éxodo 36: 8-13.

Las cortinas

Las cortinas de lino fino torcido
Mandato: Éxodo 26: 1-6; Realización Éxodo 36: 8-13.

- Estas se hicieron siguiendo exactamente las indicaciones: el largo de cada cortina era de 42 pies, (12.6 m) y el ancho era de 6 pies (1.8 m).
- Todas las cortinas tenían una misma medida.

- Y se nos dice que Bezalel unió las cinco cortinas una con otra, también las otras cinco cortinas las unió una con la otra.
- Les hizo lazos de tela azul (a manera de ojales) en el borde de la cortina del extremo del primer enlace.
- Lo mismo hizo en el borde de la cortina del extremo del segundo enlace.
- Le hizo cincuenta lazos en una cortina, y se hizo cincuenta lazos en el borde de la cortina que estaba en el segundo enlace. Los lazos correspondían unos a otros.
- Le hizo además cincuenta broches o botones de oro, y se unieron las cortinas unas a las otras con los broches, de manera que el tabernáculo llegó a ser una unidad.

Las cortinas de pelo de cabra
Mandato: Éxodo 26: 7-11; Realización Éxodo 36: 14-18.

- Se nos dice que Bezalel hizo las cortinas de pelo de cabra siguiendo las medidas especificadas: el largo de cada cortina fue de 45 pies (13.5 m) y el ancho de 6 pies (1.8 m).
- Estas cortinas formaban la tienda de campaña sobre el tabernáculo y se hicieron once cortinas en total y todas tenían una misma medida.
- Al igual que el tabernáculo, los dos grupos de cortinas se unieron (las cinco cortinas entre sí y las otras seis cortinas entre sí) quedando por lo tanto un panel compuesto de cinco cortinas y otro compuesto de seis cortinas.
- Estas cortinas que formaban la tienda no podían ser vistas desde el interior del tabernáculo.
- Él hizo cincuenta lazos en el borde de la cortina del extremo del primer enlace, e hizo cincuenta lazos en el borde de la cortina del extremo del segundo enlace.
- Hizo, además, cincuenta broches de metal para unir la tienda, a fin de que fuera un todo. En algunas traducciones, en relación al metal usado aquí, se identifica el mismo como bronce o cobre.

- Por lo regular, estas partes que no iban a ser visibles desde adentro se hicieron de materiales menos costosos.

La cubierta de pieles de carneros
Mandato: Éxodo 26: 7-11; Realización: Éxodo 36:19a.

- Bezalel hizo también, para la tienda, una cubierta de pieles de carnero teñidas de rojo.

La cubierta de pieles de marsopa
Mandato: Éxodo 26: 7-11; Realización: Éxodo 36:19b.

- Bezalel hizo una cubierta de marsopa para poner encima de la cubierta de carnero.

ESTRUCTURA DEL TABERNÁCULO

Las tablas de madera de acacia, las basas (zócalos) de plata y las barras.
Mandato: Éxodo 26: 15-29; Realización: Éxodo 36:20-34.

Hizo Bezalel las tablas siguiendo las indicaciones:
- La longitud de cada tabla era de 15 pies (4.5 m) y la anchura de cada tabla de 2 ¼ pies (68 cm).
- Hizo las paredes del tabernáculo de cuarenta y ocho (48) tablas, veinte (20) por el lado sur, veinte (20) por el lado norte y ocho (8) por el lado oeste.
- Y las hizo de madera de acacia y fueron colocadas verticalmente.
- Estas tablas fueron cubiertas en oro.
- Cada tabla tenía dos espigas a un lado de las tablas. Y dos orificios al otro lado.
- Las espigas, al entrar en los orificios, unían y fijaban las tablas y servían para fortalecer la estructura.
- Hizo las basas o zócalos, cada tabla tenía dos espigas por debajo que sobresalían de la madera.

- Cada espiga se ajustaba a una basa o zócalo, por lo tanto para una tabla era necesario tener dos zócalos.
- Los zócalos eran el fundamento o base del tabernáculo. Dos zócalos servían de base para una tabla.
- Los zócalos no estaban conectados a las tablas de ambos lados.
- Las barras las hizo de madera de acacia. Cinco para las tablas de un lado del tabernáculo, cinco barras para las tablas del otro lado del tabernáculo y cinco barras para las tablas del lado posterior del tabernáculo, hacia el occidente.
- Las tablas se cubrieron de oro y se le hicieron unos pequeños anillos o cilindros por donde pasaron las barras, las cuales fueron cubiertas también de oro.
- Estas barras pasaban por la parte de arriba y por la parte de debajo de las tablas.
- La barra del medio pasaba por el medio de las tablas, de un extremo a otro.
- Todo fue hecho según las instrucciones dadas.

El velo y las columnas
Mandato: Éxodo 26: 31-33; Realización: Éxodo 36:35-36.

- El velo se hizo de tela azul, púrpura y escarlata y de lino fino torcido con querubines bordados.
- Además se hicieron las cuatro columnas de acacia y se revistieron de oro.
- Sus ganchos eran también de oro y para ellas se fundió cuatro basas o zócalos de plata.

Cortina para la entrada
Mandato: Éxodo 26: 36-37; Realización: Éxodo 36:37-38.

- Se hizo también una cortina para la entrada de la tienda de tela azul, púrpura y escarlata y de lino fino torcido, con sus cinco columnas y sus ganchos.

- Se cubrió de oro sus capiteles y sus molduras, pero sus cinco basas o zócalos eran de bronce.

MUEBLES Y ACCESORIOS

El arca
Mandato: Éxodo 25: 10-16; Realización: Éxodo 37:1-5.

- Se nos dice, en el recuento bíblico, que Bezalel también hizo el arca de madera de acacia.
- Y que fue hecha siguiendo exactamente las instrucciones en cuanto a medida y diseño.
- Esta tenía una longitud de 3 ¾ pies (1.12 m), su anchura de 2 ¼ pies (68 cm), y su altura de 2 ¼ pies (68 cm).
- Se revistió de oro puro por dentro y por fuera, y se le hizo una moldura de oro alrededor.
- Además, se fundieron las cuatro argollas de oro en sus cuatro esquinas: dos argollas a un lado y dos argollas al otro lado.
- Se hicieron las varas de madera de acacia y se las revistió de oro.
- Y se introdujo las varas por las argollas a los lados del arca, para transportarla.

La cubierta y los dos querubines
Mandato: Éxodo 25: 17-22; Realización: Éxodo 37:6-9.

- La cubierta se hizo de oro puro; y sus medidas se hicieron de acuerdo con las instrucciones dadas: su longitud era de 3 ¾ pies (1.13 m) y su anchura de 2 ¼ pies (68 cm).
- Los dos querubines de oro se hicieron labrados a martillo y estaban ubicados en los dos extremos de la cubierta; un querubín en un extremo y el otro querubín en el otro extremo.
- Los querubines tenían extendidas las alas hacia arriba, cubriendo la cubierta con sus alas, uno frente al otro y los rostros de los querubines estaban vueltos hacia la cubierta.

Los querubines y la cubierta fueron hechos de una sola pieza, según las instrucciones dadas por Dios a Moisés.

La mesa de madera de acacia y sus utensilios
(La mesa para el pan de la proposición)
Mandato: Éxodo 25:23-30; Realización: Éxodo 37:10-16.

- Hizo Bezalel la mesa de madera de acacia.
- Su longitud era de 3 pies (90 cm), su anchura de 1 ½ pies (45 cm) y su altura de 2 ¼ pies (68 cm).
- La revistió de oro puro y le hizo una moldura de oro alrededor.
- Le hizo alrededor un borde de 4 pulgadas de ancho (7. 5 cm), e hizo una moldura de oro alrededor del borde.
- Fundió para ella cuatro argollas de oro, y puso las argollas en las cuatro esquinas que estaban sobre sus cuatro patas.
- Cerca del borde estaban las argollas donde se metían las varas para llevar la y las revistió de oro.
- He hizo en oro puro todos los utensilios que estaban en la mesa: sus fuentes, sus vasijas, sus tazones y sus jarros, con los cuales se iban a hacer las libaciones.

Candelero de oro
Mandato: Éxodo 25:31-39; Realización: Éxodo 37:17-24.

- Nos continúa diciendo la Biblia que Bezalel hizo el candelero de oro puro.
- Y lo hizo todo labrado a martillo: su base y su caña, como le fue indicado.
- Sus copas, cálices y flores eran de una sola pieza junto con el candelero.
- Del mismo salían seis brazos, tres brazos del candelero de uno de sus lados y tres brazos del candelero del otro lado.
- Había tres copas en forma de flor de almendro, un cáliz y una flor en un brazo, y tres copas en forma de flor de almendro, un cáliz y una flor en el otro brazo.
- De tal manera que los seis brazos eran iguales.

- En la caña del candelero había cuatro copas en forma de flor de almendro, con sus cálices y sus flores.

- Y había un cáliz debajo de los dos primeros brazos que salían de él, y un cáliz debajo de los dos siguientes brazos que salían de él, y un cáliz debajo de los dos últimos brazos que salían de él.

- Sus cálices y sus brazos eran de una sola pieza de oro puro labrado a martillo.

- También hizo de oro puro sus siete lámparas con sus despabiladeras y sus platillos.

- He hizo el candelero y todos sus utensilios de un talento 75 libras (34 kilos) de oro puro.

El altar del incienso
Mandato: Éxodo 30:1-10; Realización: Éxodo 37: 25-28.

- Teniendo las indicaciones de Moisés como guía, Bezalel hizo el altar del incienso de madera de acacia. Era cuadrado, de 18 pulgadas (45 cm) de largo, 18 pulgadas (45 cm) de ancho y de 3 pies (90 cm) su altura.

- Sus cuernos eran de una sola pieza con el altar. Revistió de oro puro su parte superior, sus lados en derredor y sus cuernos e hizo también una moldura de oro alrededor.

- Le hizo dos argollas de oro debajo de su moldura, en dos de sus lados opuestos, por donde iban a pasar las varas con las cuales sería transportado el Altar y le hizo las varas de madera de acacia y las revistió de oro.

El aceite de la unción y el incienso puro
Mandato: Éxodo 30:22-33; Realización: Éxodo 37: 29.

- Bezalel hizo el aceite de la santa unción y el incienso puro, de especias aromáticas. Destreza que indica la Biblia era obra de un perfumador; o sea, un artista que se especializa en la confección de perfumes.

El altar del holocausto

Mandato: Éxodo 27:1-8; Realización: Éxodo 38: 1-7.

- Bezalel hizo también el altar del holocausto de madera de acacia. Y era cuadrado: 7 ½ pies de (2.25 m) longitud por 7 ½ pies (2.25 m) de ancho y de 4 ½ pies (1.35 m) su altura.
- Le hizo cuernos en sus cuatro esquinas. Los cuernos eran de una sola pieza con el altar, y los revistió de bronce.
- Hizo asimismo todos los utensilios del altar: los calderos, las palas, los tazones, los garfios y los braseros. Todos los utensilios los hizo de bronce.
- Debajo del borde hizo, para el altar, una rejilla de bronce que llegaba hasta la mitad del altar.
- Fundió cuatro argollas en los cuatro extremos de la rejilla de bronce por donde se metían las varas.
- Hizo también las varas de madera de acacia y las revistió de bronce.
- Y metió las varas por las argollas que estaban en los lados del altar, para transportarlo. Este altar era hueco y hecho de tablas.

La pila de bronce
Mandato: Éxodo 30:17-21; Realización: Éxodo 38:8.

- Además, hizo la pila de bronce y su base de bronce, de los espejos de las mujeres que servían y ministraban a la puerta de la tienda de reunión.
- En la *Biblia Peshitta* se amplía el versículo, y dice: "Hizo también el lavatorio de bronce, con los espejos de las mujeres que venían a orar a la puerta del tabernáculo temporal".
- Y el *Tanach* o *Biblia Hebrea* nos dice que la fuente de bronce era un recipiente muy grande en el patio del tabernáculo, y se exigía a los sacerdotes que se lavaran las manos y los pies antes de realizar el servicio. Fue hecha de espejos de cobre.
- Los espejos utilizados por las mujeres en esos días eran hojas de cobre, muy pulidas y brillantes.

- Cuando se hizo el llamado para las contribuciones, las mujeres vinieron con sus espejos de cobre y los depositaron frente a la tienda de reunión, nombre que, hasta la construcción del tabernáculo, fue dado a la tienda de Moisés (p153).
- Mesa.
- Y también hizo las varas de madera de acacia para llevar la mesa. Estos espejos eran utilizados por las mujeres israelitas para embellecerse y fácilmente los donaron para la construcción de la pila de bronce (Levine, 120).

EL ATRIO

El atrio
Mandato: Éxodo 27:9-19; Realización: Éxodo 38:9-17.

- Bezalel hizo también el atrio.
- Tanto las cortinas del lado sur como las del lado norte eran de lino fino torcido, de 150 pies (45 m).
- Y tanto el lado sur como el lado norte tenían veinte columnas y veinte basas o zócalos de bronce en cada lado. Los ganchos de las columnas y sus molduras de ambos lados eran de plata.
- Por el lado oeste había cortinas de 75 pies de largo (22.5 m), con sus diez columnas y sus diez basas o zócalos.
- Los ganchos de las columnas y sus molduras eran de plata. Y por el lado este las cortinas también medían 75 pies (22.5 m).
- Las cortinas a un lado de la entrada eran de 22 ½ pies (6.75 m), con tres columnas y sus tres basas, y lo mismo al otro lado.
- A los dos lados de la puerta del atrio había cortinas de 22 ½ pies (6.75 m), con sus tres columnas y sus tres basas.
- Todas las cortinas alrededor del atrio eran de lino fino torcido.
- Las basas o zócalos para las columnas eran de bronce; los ganchos de las columnas y sus molduras, de plata; el

revestimiento de sus capiteles, de plata y todas las columnas del atrio tenían molduras de plata.

La cortina del atrio

Mandato: Éxodo 27:16; Realización: Éxodo 38:18-20.

- La cortina de la entrada del atrio, de tela azul, púrpura y escarlata, y lino fino torcido era obra de tejedor.
- La longitud era de 30 pies (9 m) y la altura de 7 ½ pies (2.25 m), lo mismo que las cortinas del atrio.
- Sus cuatro columnas y sus cuatro basas o zócalos eran de bronce y sus ganchos eran de plata, y el revestimiento de sus capiteles y sus molduras eran también de plata.
- Todas las estacas o clavijas del tabernáculo y del atrio alrededor eran de bronce.

LAS VESTIDURAS SACERDOTALES

Mandato: Éxodo 28:1-4; Realización: Éxodo 39:1.

- Las vestiduras para ministrar en el Lugar Santo se hicieron de azul, púrpura y escarlata, y también se hicieron las vestiduras sagradas para Aarón.
- Para ello se siguieron las instrucciones "como Jehová lo había mandado a Moisés".

Efod de oro

Mandato: Éxodo 28:4-7; Realización: Éxodo 39:2-7.

- Bezalel hizo el efod de oro de tela azul, púrpura y escarlata y de lino fino torcido.
- Y batieron a martillo láminas de oro, y las cortaron en hilos para entretejerlas con la tela azul, púrpura y escarlata y el lino fino, obra de hábil artífice.
- Hicieron para el efod hombreras que se fijaban al mismo, y lo fijaron sobre sus dos extremos.
- El cinto, que nos dice que fue hábilmente tejido, estaba sobre el efod, era del mismo material, de la misma hechura: de oro, de tela azul, púrpura y escarlata y de lino fino torcido.

- Y nuevamente nos enfatiza que se había hecho "como Jehová lo había mandado a Moisés".

- También labraron las piedras de ónice, las cuales fueron montadas en engastes de filigrana de oro.

- Las piedras de ónice fueron grabadas como las grabaduras de un sello, con los nombres de los hijos de Israel.

- Bezalel las puso sobre las hombreras del efod, como piedras memoriales para los hijos de Israel, "como Jehová lo había mandado a Moisés".

El pectoral
Mandato: Éxodo 28:15-21; Realización: Éxodo 39:8-21.

- El cual también era considerado obra de hábil artífice como la obra del efod, que fue hecho de oro, de tela azul, púrpura y escarlata, y de lino fino torcido.

- Era cuadrado y doble, de 9 pulgadas (25 cm).

- En él se montaron cuatro hileras de piedras: la primera hilera era una hilera de un rubí, un topacio y una esmeralda; la segunda hilera, una turquesa, un zafiro y un diamante; la tercera hilera, un jacinto, un ágata y una amatista, y la cuarta hilera, un berilo, un ónice y un jaspe.

- Las cuales estaban montadas en engaste de filigrana de oro. Las piedras correspondían a los nombres de los hijos de Israel, los cuales eran doce, conforme a sus nombres, grabadas como las grabaduras de un sello, cada una con su nombre conforme a las doce tribus.

- Para el pectoral se hicieron cadenillas de oro puro en forma de cordones trenzados. Se hicieron también dos engastes de filigrana de oro y dos anillos de oro, y se pusieron los dos anillos en los dos extremos del pectoral.

- Los dos cordones de oro se pusieron en los anillos al extremo del pectoral, y se colocaron los otros dos extremos de los dos cordones en los dos engastes de filigrana, y los fijaron en las hombreras del efod en su parte delantera.

- Hicieron otros dos anillos de oro y los colocaron en los dos extremos del pectoral, en el borde que da al lado interior del efod.

- También hicieron otros dos anillos de oro, y los pusieron en la parte inferior de las dos hombreras del efod, delante, cerca de su unión, sobre el cinto tejido del efod.

- Ataron el pectoral por sus anillos a los anillos del efod con un cordón azul, para que estuviera sobre el cinto tejido del efod y para que el pectoral no se desprendiera del efod, "como Jehová lo había mandado a Moisés".

El manto del efod
Mandato: Éxodo 28:31-35; Realización: Éxodo 39:22-26.

- Entonces Bezalel hizo el manto del efod de obra tejida, todo de tela azul.

- La abertura del manto estaba en el centro, como la abertura de una cota de malla, con una orla todo alrededor de la abertura para que no se rompiera.

- En el borde inferior del manto se hicieron granadas de tela azul, púrpura y escarlata y de lino torcido.

- Hizo también campanillas de oro puro, y pusieron las campanillas entre las granadas alrededor de todo el borde del manto, alternando una campanilla y una granada alrededor de todo el borde del manto para el servicio, "como Jehová lo mandó a Moisés".

Túnicas, tiara, adornos de mitras, calzoncillos y cinturón
Mandato: Éxodo 28:39; Realización: Éxodo 39:27-29.

- Para Aarón y sus hijos hicieron las túnicas de lino fino tejido, la tiara de lino fino, los adornos de las mitras de lino fino, los calzoncillos de lino, de lino fino torcido, y el cinturón de lino fino torcido, de azul, púrpura y escarlata, obra de tejedor, "como Jehová lo mandó a Moisés".

Diadema

Mandato: Éxodo 28:36; Realización: Éxodo 39:30-31.

- La lámina de la diadema santa la hicieron de oro puro, y grabaron en ella como la grabadura de un sello: "SANTIDAD A JEHOVÁ".

- Y le pusieron un cordón azul para sujetarla sobre la tiara por arriba, "como Jehová lo mandó a Moisés".

¿ARTISTA?

APÉNDICE C
El Arte en el Plan de Dios

LAS DOS RUEDAS DENTADAS (1978)
Para Esta Hora Hemos Llegado a las Artes

Meses después de conocer sobre el llamado de Bezalel y haber respondido a la invitación de Dios, tuve una visión. Vi dos ruedas dentadas o de engranaje. Eran dos ruedas doradas. Cada rueda era exactamente igual a la otra. En mi espíritu, yo me preguntaba sobre el sentido de lo que veía. Y una voz en mi espíritu comenzó a explicarme que una rueda representa las personas que Dios está llamando y separando para los eventos de los últimos tiempos. "Cada diente o dentado representa a una persona", decía la voz. Y me parecía ver en mi espíritu una mano gigantesca que sacaba personas de diferentes lugares y los unía para formar la rueda. Al mismo tiempo, la voz enfatizaba que cada diente o dentado tenía que ser idéntico, "nadie es más importante que el otro". "La segunda rueda", me decía, "representa mi Palabra, cuando las dos ruedas se unan y engranen perfectamente, podrán dar vueltas".

La razón por la cual cada diente tenía que ser del mismo tamaño, me explicaba la voz, es porque cuando las dos ruedas engranaran cada diente tenía que caber exactamente en el espacio de la otra rueda, como un rompecabezas, para que las ruedas pudieran girar suavemente. "Si un diente es más grande que el otro, las ruedas no van a poder engranar y, por lo tanto, no podrán moverse", me decía. En mi visión, cuando las dos ruedas engranaron y comenzaron a dar vueltas, empezó a salir agua a torrentes de la unión de las dos ruedas. "El agua", sentía la voz en mi espíritu que continuaba hablándome, "es el Espíritu Santo cubriendo la tierra". Y el instrumento que Dios usaba para que esto sucediera era el arte. Vi el agua caer sobre Puerto Rico y vi que la misma seguía fluyendo hacia Centro y Sur América y el resto del mundo.

Entonces, oí nuevamente la voz hablando a mi espíritu y diciéndome que vendría un tiempo, cuando veríamos lugares y países cerrados a la predicación de la Palabra del modo tradicional, pero habría artistas preparados por Dios, de diversas partes del mundo, que serían capaces de entrar y de llevar el mensaje de salvación a través de su arte. Y entiendo, que como Esther fue llamada para salvar a los judíos, nosotros fuimos llamados para este tiempo.

APÉNDICE D
Carta de Lizette Ayala (1980)

19 de julio d 1980

Bretton Hall College of the Art
West Bretton "New Wakefield"
West Yorkshire, England
WF4 – 4 Lg

(...) Rafael [...] nos invitó a Mayra y a mí a que habláramos de nuestras experiencias en el teatro cristiano en una asamblea de jóvenes. Yo le iba a decir que no de primera intención; pero, la verdad es que nunca había tenido la oportunidad de testificar de este tema y de apoyarlo, no solo bíblicamente sino como medio de concientizar e impactar al inconverso. Cuando me preparaba para hablarles del teatro, yo quería llevar citas bíblicas que apoyaran mi posición. ¿A qué no sabes qué, Alma? Tú debes acordarte de algo que tú me dijiste una vez y nunca se me olvidó.

Me refiero al texto bíblico en Éxodo 35:31 que narra el llamamiento de Dios a dos hombres, a Bezalel y a Aholiab, y Dios les dijo por medio de Moisés y delante de los hijos de Israel que los había llenado del

> Espíritu de Dios,
> sabiduría,
> inteligencia,
> ciencia,
> en *todo arte*.

Y que este orden es de un significado lógico porque, primeramente, hay una diferencia entre ciencia y arte. La ciencia *conoce* y el arte *crea*. Para crear (arte) se necesita conocer (ciencia). Para conocer se necesita de la sabiduría. Y la sabiduría viene de

Dios, el cual da a todos abundantemente y sin reproche (Santiago 1:5). Utilicé este texto que tú hace mucho tiempo me habías enseñado y, aunque yo no recordaba dónde estaba, lo encontré. Aprendí también en un diccionario bíblico que Pablo predicó en el teatro de Éfeso (Hechos). Hablé de mis experiencias y, por último, les dije que el *drama sazona la Palabra*. También les dije que el teatro es muy *efectivo*, por su forma audiovisual. Esto es, la persona retiene el 50% de lo que ve y el 10% de lo que oye. Por lo tanto, el teatro nos garantiza que la persona retiene un 60% y el Señor se encarga del otro 40%. Esto indica que en un inconverso es más efectivo que una predicación sencilla, donde se retiene el 10% de lo que se oye. Aclarando que no estaba en contra de esto, porque la predicación es bíblica, pero probando la efectividad *del teatro*.

Mayra utilizó todo lo que aprendió de tus clases en Guaynabo, sobre la dramatización en las iglesias. Esto es para que veas que tus palabras no se las llevó el viento, se atesoraron y hoy las compartimos con otras iglesias.

NOTA:

Conocí a Lizy, como cariñosamente la llamábamos, cuando llegué a la Escuela Jardines de Caparra. Lizette, junto con su hermana Mayra, fue una de las primeras integrantes del Taller de Teatro Guariquén, mi primer grupo de teatro. Y luego, fui testigo de la obra redentora de Jesús en su vida y en la vida de su familia.

Lizette se convirtió en presentadora y productora de noticias, siendo una de las voces más hermosas de la radio puertorriqueña: "La radio pierde una gran voz y un ser humano increíble que por décadas aportó a los medios de comunicación con responsabilidad y compromiso con el país y la profesión", dijo la Asociación de Periodistas de Puerto Rico (ASPPRO) luego de la muerte de Lizette.

Lizette ya no está con nosotros, pero esta carta que me envió cuando era estudiante en Bretton Hall College of the Arts, Inglaterra, es uno de mis tesoros más preciados.

APÉNDICE E
Abriendo Caminos (1992)

Tanto la carta de Lizette Ayala como esta placa son testigos de un largo camino recorrido. Y aunque en sus comienzos parecía que la palabra caía en el vacío, hoy nos damos cuenta de que se cumple lo que nos dice Isaías 55:11: "Así será mi palabra que sale de mi boca; no volverá a mí vacía, sino que hará lo que yo quiero, y será prosperada en aquello para que la envié".

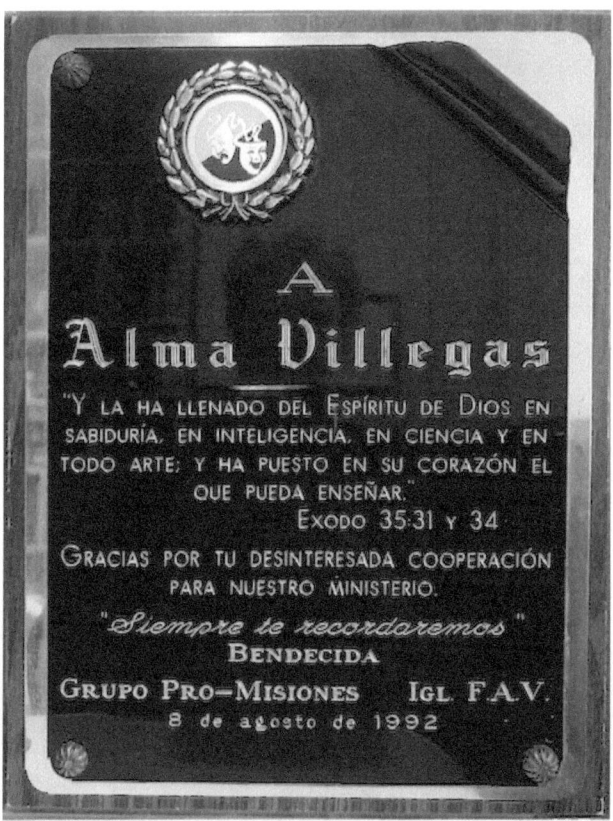

¿ARTISTA?

BIBLIOGRAFÍA

Blue Letter Bible. *"Dictionary and Word Search."* Blue Letter Bible. 1996–2012.

Clarke, Adam. *Commentary on the Bible.* <http://www.sacred-texts.com/bib/cmt/ clarke/exo.htm>.

Copeland, Kenneth. *The Kenneth Copeland Word of Faith Study Bible.* Modern English Version (MEV). Lake Mary, Florida: Published by Passio, 2017.

Dake, Finis Jennings. *Dake's Annotated Reference Bible.* Lawrence, Georgia: Dake Publishing, Inc., 2014.

Diccionario de la lengua española, © 2005 Espasa-Calpe, <http://www.wordreference.com/definicion/protocolo>.

Gordon, I., *Jesús en el Tabernáculo,* n.d.

Habershow, Ada R. *Outline Studies of the Tabernacle.* Grand Rapids, MI: Kregel Publications, 1974.

Hershberger, Ervin N. *Seeing Christ in the Tabernacle.* Harrisonburg, VA: Vision Publishers, 1995.

https://archive.org/details/ofplatobanquet00platrich/page/90/mode/2up.

https://biblestudentsdaily.com/2016/09/02/study-1-an-introduction-to-the-tabernacle-and-its-purpose/.

http://torah-art.net/index.php/portrait-artist-marty-shoub/.

https://www.biblegateway.com.

https://www.merriam-webster.com/dictionary.

Instituto Cultural Álef y Tau, A.C. *Biblia Peshitta en español.* Nashville: Broadmand & Holman Publishing Group, 2006.

Kalish, Edward Ephraim. *Bezalel, Son of Light*. Video.

Levi, David M. *The Tabernacle: Shadows of the Messiah*. Grand Rapids, MI: Kregel Publications, 2003.

Lledó, Emilio. *El concepto "poiesis" en la filosofía griega*. Madrid: Editorial DYKINSON, S.L., 2010.

Otto, Christ John. Bezalel, *Redeeming a Renegade Creation*. MA: Belonging House Creative, 2015.

Rand, W. W. *Diccionario de la Santa Biblia*. San Jose: Editorial Caribe, s.f.

Slemming, C. W. *Made According to Pattern*. Fort Washington, PA: CLC Publications, 1999.

Strong LL., S.T.D., James. *The New Strong's Expanded Exhaustive Concordance of the Bible*. Red Letter Edition. Nashville: Thomas Nelson, 2010.

Young, Robert. *Young's Analytical Concordance to the Bible*. Peabody, MA: Hendrickson Publishers, 2011

Vine, W.E. Edited by Merrill F. Unger, Th.M., Th.D., Ph.D. and William White, Jr., Th.M., Ph.D. *Vine's Complete Expository Dictionary of Old and New Testament Words*. Nashville: Thomas Nelson, 1996.

SOBRE LA AUTORA
Alma Villegas, PHD, THD

Autora, Poeta, Dramaturga, Directora de Teatro, Actriz, Productora Independiente, Especialista en Teatro Educativo y Teología del Arte

Una Mirada Al Impacto De Las Artes En Mi Vida

Mi carrera comenzó como maestra de física y biología. Sin embargo, durante mis primeros años como maestra me di cuenta de que a los estudiantes les faltaba algo que sazonara sus vidas. Había que abrir caminos nuevos para ellos; y ese algo que les faltaba, ese camino por abrir era el camino del arte. Así, con un grupo de estudiantes de escuela superior comencé mis andanzas por el teatro y el descubrimiento del impacto que el arte puede causar en la vida de las personas.

Con esta visión transformadora del teatro, y regresé a la Universidad de Puerto Rico (UPR) para estudiar teatro. Al terminar mis estudios en la UPR, salí hacia Inglaterra, donde estudié en *Bretton Hall College of the Arts*. En *Bretton Hall*, adicional a los estudios en teatro medieval y Shakespeare, pude estudiar con varios de los precursores del teatro educativo, como el actor y director John Hodgson. A mi regreso de Inglaterra, continué estudios en New York University (NYU), en el Departamento de Música y *Performing Arts* donde obtuve un Doctorado en Teatro Educativo. Y en agosto del 2014 recibí un Doctorado en Teología Cristiana del *International Miracle Institute* (IMI), Pensacola, FL.

DIOS CUMPLE SU PROPÓSITO EN NOSOTROS

A la edad de dieciséis años acepté a Jesús como mi Salvador y comencé a asistir a las reuniones de jóvenes de la Iglesia Defensores de la Fe, de la calle Comerío en Bayamón, que en aquellos momentos pastoreaba el Rev. Leonardo Castro y el consejero de los jóvenes era el Rev., Lic. Rafael Torres Ortega. Luego de mi conversión, me convertí en miembro activo de la Sociedad de Jóvenes de mi Iglesia y, junto con un maravilloso grupo de jóvenes, fui miembro fundador del Grupo de Avivamiento, coro que visitó y aún continúa visitando prácticamente cada pueblo de la isla de Puerto Rico y visitando países a través de toda Latinoamérica, llevando el mensaje de "Tiempo para cambiar". Con el Grupo de Avivamiento visité la República Dominicana, Nueva York, Nueva Jersey, Connecticut, Venezuela, Colombia, Guatemala, México y Chile. Fueron trece años de crecimiento espiritual, a la vez que de una intensa labor evangelística y misionera.

Al mismo tiempo que crecía en el Señor y me desarrollaba como líder dentro del grupo de jóvenes, tuve la oportunidad de estudiar en la Universidad de Puerto Rico (UPR) donde obtuve una licenciatura, o bachillerato como le decimos en Puerto Rico, en ciencias, con una especialización en Economía Doméstica y Extensión Agrícola. Esta especialización era lo que más se acercaba al arte, a la vez que me preparaba para trabajar en áreas aisladas y comunidades especiales con el propósito de minimizar su aislamiento físico, económico y sociocultural. Con ello daba mis primeros pasos hacia la realización de un sueño que comenzaba a despertar: el arte combinado con el trabajo misionero en áreas de grandes necesidades espirituales, socioculturales y económicas. También estudié una maestría en educación, con especialización en biología, en Bridgeport University y, por fin, tuve la valentía de volver a la UPR para estudiar teatro.

Durante esos años formativos tuve la oportunidad de predicar, de ser maestra de escuela dominical y de crear el primer seminario de escuela bíblica dominical para niños en mi iglesia. Pero fue en el área del arte, y para ser más específica, del teatro, donde mi petición a Dios —"Señor, hazme una mujer de ideas"[1]— comenzó a manifestarse, tanto dentro de la iglesia como en las escuelas donde trabajé como maestra de ciencias físicas, química y biología; nada parecido al teatro ya que, durante mis años de estudiante universitaria, por nada del mundo me atreví a estudiar teatro.

Con las primeras ideas que iba desarrollando y con esas incipientes inspiraciones creativas, que ahora entiendo recibía de Dios, me convertí a temprana edad en productora independiente de teatro, directora, diseñadora de iluminación, escenografía y vestuario, actriz y escritora.

En la Escuela Luis Palés Matos de Santa Rosa, Bayamón, fundé, con un grupo de estudiantes, un taller de periodismo y creamos el periódico *Clarín*. Este auspició, junto con la facultad de la escuela, la creación de la Semana Palesiana como respuesta a la falta de identificación positiva de los estudiantes con la escuela. Durante la Semana Palesiana, pintamos murales, publicamos un periódico conmemorativo de la Semana Palesiana, llenamos la escuela de afiches que decían "Estudiante Palesiano" y presentamos *La Noche de Clarín*, una producción teatral escrita y dirigida por los estudiantes miembros del Club de Periodismo. Invitamos a reconocidos artistas y líderes culturales de Puerto Rico a dar conferencias y a ofrecer conciertos. Entre ellos tuvimos a Jacobo Morales (actor, poeta, cineasta y dramaturgo) en una conferencia sobre cultura puertorriqueña, a Sylvia del Villar (la cual ofreció un impactante recital sobre la poesía de Luis Palés Matos), auspiciamos un concurso literario y un programa por WIPR, Canal 6, la estación del gobierno de Puerto Rico, con la participación de Jesús Látimer, la Dra. Margot Arce de Vázquez y Ana Mercedes Palés (la hija de Luis Palés Matos).

Pero tal vez lo que más impactó mi vida fue que, a partir de esa semana, el lema de "estudiante palesiano" se convirtió en parte del vocabulario de los estudiantes, algo que se mantiene hasta el día de hoy y que marcó un nuevo episodio en la vida de la escuela. Esta experiencia comenzó a mostrarme un aspecto de las artes que no conocía, pero también trajo otras interrogantes. Por primera vez desde mi conversión me envolvía en un trabajo secular donde el arte era el eje principal, y el impacto positivo en el estudiantado era sumamente visible. ¿Era posible que Dios pudiera usar como instrumento de cambio positivo algo que por muchos era considerado como "mundano"? La respuesta fue positiva. Y fui testigo de cómo las artes fueron un agente de cambio en la comunidad estudiantil.

Tres años más tarde pasé a ser maestra en la Escuela Jardines de Caparra de Bayamón. Me llamó la atención lo pequeño de la escuela y las pocas actividades culturales y artísticas que había, podría decir que prácticamente ninguna. Es así como se organizaron unos talleres de teatro y se creó el Taller de Teatro Guariquén (*Guariquén* es una palabra de raíz taína que significa "mira, ven a ver"). En los cinco años que estuve trabajando con el grupo de teatro, enseñé casi todos los aspectos de las artes teatrales, escribí, adapté y desarrollé alrededor de diez obras de teatro y libretos para conciertos los cuales dirigí y produje. Esta labor artística con los estudiantes se reflejó en la comunidad, la cual comenzó a experimentar el poder transformador de las artes y su impacto en la sociedad y, como consecuencia, brindó a los integrantes del Taller de Teatro todo su apoyo.

Como resultado indirecto, muchos jóvenes aceptaron a Jesús como su Salvador personal, siguiéndole más tarde sus padres. Y enfatizo "como resultado indirecto" porque, como maestra del sistema de educación pública, mi meta era educativa y cultural. Pero nuevamente, había resultados que se manifestaban y que no estaban programados con anticipación. ¿Qué era lo que movía a aquellos estudiantes, casi espontáneamente, a tener una experiencia con Dios? Y, nuevamente, fui testigo de cómo las artes fueron un agente de cambio, no solo en la comunidad estudiantil, sino en la comunidad en general. Y aquí presencié la segunda transformación, pero esta vez más allá de la comunidad estudiantil. Esta vez alcanzó a las familias de los estudiantes.

También desarrollé talleres de teatro y presentaciones en la iglesia, pero estos ya tenían un propósito más definido desde el punto de vista de la adoración y la evangelización. E, interesantemente, comienzo a hacer teatro en la Iglesia porque mis estudiantes de escuela superior —al convertirse a Dios— comenzaron a asistir a la Iglesia. Como, en esa época, prácticamente no había grupos de teatro en las iglesias, no había a quién llamar para hacer audiciones. Dios, en su infinita misericordia, me dio el privilegio de hacer teatro en la Iglesia con muchos de los estudiantes que comenzaron conmigo en la escuela.

Desde comienzos de mi desarrollo en las artes, usé el teatro, la música, la poesía, el movimiento corporal, la danza, la pantomima, la fotografía, textos bíblicos —en especial los salmos— como vehículos de educación, de desarrollo personal, sociocultural y de adoración a Dios. Mi trabajo artístico, tanto el llevado a cabo en la escuela como en la Iglesia, se presentó exitosamente a través de la isla, en escuelas, hospitales, centros culturales, conservatorios de música, hoteles, teatros, televisión e iglesias.

A medida que pasaba el tiempo, mi interés por las artes, y en especial por el teatro, continuó desarrollándose. Para aquel entonces, el Rev. Lic. Rafael Torres Ortega me dio la oportunidad de trabajar junto con él, como asistente de producción de *Encuentro*, un innovador programa cristiano de televisión, basado en entrevistas a prominentes líderes cristianos y de la comunidad en general. Mi tarea fue la de diseñar la introducción del programa, seleccionar el tema musical, recibir y atender a los entrevistados antes de que comenzara la grabación del programa e incluso, en ocasiones, ser entrevistada o ser la entrevistadora. Este programa sentó las bases de lo que más tarde sería uno de los primeros canales de televisión cristiana en Puerto Rico.

UNA CONVERSACIÓN Y UN RETO

Una tarde, mientras manejaba de regreso a mi hogar, Dios me visitó en el carro. Todavía lo recuerdo con la misma intensidad que lo sentí ese día. El Señor comenzó a hablar a mi espíritu. Me hablaba de un llamado. Me decía que ponía ante mí una opción diferente a la que hasta ese momento tenía. Que si quería seguir sirviéndole como lo estaba haciendo, Él me seguiría bendiciendo y prosperando en mi camino, pero que Él ponía un nuevo camino ante mí. Entendía en mi espíritu que el camino no sería fácil y que pasarían muchos años antes de ver la manifestación de lo que Él me estaba hablando. Muchas veces había escuchado en la Iglesia, a través de diferentes predicaciones, que Dios siempre tiene la mejor opción. En esos momentos comencé a llorar porque entendía que mi vida iba a cambiar drásticamente y le dije: "Señor, yo escojo lo que tú me ofreces".

Siempre recuerdo el día en que me despedí de mi trabajo. Salía para Inglaterra a estudiar y mientras hablaba con una de las maestras, al mirar hacia la pizarra, Dios me dio una visión y nuevamente vi un camino sumamente largo; pero yo estaba tan comprometida y entusiasmada con el llamado que en ningún momento me sentí intimidada. Además, bajo la euforia del momento, yo había calculado que cuando el Señor hablaba de muchos años, posiblemente se refería a unos cinco años. Estoy segura de que en esos momentos el Señor sonrió y se sintió tranquilo de que yo no fuera como los hijos de Isacar, experta en discernir los tiempos. Porque tal vez, si hubiera entendido realmente lo que Dios me hablaba, me hubiese quedado en la comodidad de mi hogar y de la escuela en la cual trabajaba. Después de todo, estaba sirviendo al Señor y viendo el resultado positivo de mi trabajo.

Éxodo 31 y 35, mi conversación con Dios, las visiones y palabras proféticas recibidas confirmaron el llamado de Dios en mi vida, reforzaron mi vocación por el teatro y dieron a luz al sueño de continuar estudios avanzados en teatro y de continuar estudiando lo que decía la *Biblia* sobre el arte. Quería estar preparada para cuando llegara el momento de la manifestación del llamado. Soñé con enseñar teatro como un instrumento de educación, inspiración, sanidad y transformación en comunidades alrededor del mundo. Y también soñé con la elevación de la práctica y el discurso del arte en la Iglesia.

EL ARTE COMO INSTRUMENTO DE CAMBIO

Luego del llamado de Dios, las puertas para estudiar en *Bretton Hall College of the Art* en Inglaterra y en *New York University* en Nueva York se abrieron. Salí de Puerto Rico a estudiar y, a la vez, a comenzar una carrera en las artes, que me ha brindado grandes satisfacciones. Entre ellas, trabajar con la comunidad puertorriqueña en la ciudad de Nueva York.

Uno de los proyectos más significativos de mi trabajo en Nueva York ha sido la prevención del VIH y las drogas en la comunidad puertorriqueña. Desarrollamos e implementamos un programa de artes creativas con el propósito de educar y empoderar a personas afectadas por la epidemia de las drogas y el

VIH/SIDA, así como a la comunidad en general. También usamos el arte como un instrumento de sanación emocional y espiritual. Como parte de la estrategia para trabajar con la comunidad, abrimos el *Teatro Galería Manny Maldonado* (1995-2005), en honor al fundador de *Música Against Drugs, Inc.*, agencia que me contrató para desarrollar el programa de arte. El mismo tendría el propósito de ser un espacio de teatro alternativo y experimental. Este fue el primer teatro-galería que se abrió en Williamsburg, Brooklyn y fue el pionero de un movimiento artístico de transformación social y de sanidad emocional y espiritual para una comunidad que, hasta entonces, había sido azotada duramente por las drogas y el SIDA.

Como parte del trabajo en el *Teatro Galería,* se presentaron treinta exhibiciones de arte, doce obras de teatro/*performances*, diez festivales al aire libre (conciertos, teatro y danza), cuatro conciertos, tres veladas poéticas y un festival de video. Se creó un programa de arte para la comunidad en general, que incluía percusión y en ocasiones piano, teoría musical, baile, escritura creativa y canto. Diseñamos dos instalaciones de arte público en dos de los parques de la comunidad, ambas dedicadas a la epidemia del SIDA. Una de ellas fue documentada por las Naciones Unidas. Y una comunidad donde las drogas y el SIDA eran lo que les identificaba, Williamsburg, es hoy en día reconocida en y fuera de la ciudad de Nueva York como una comunidad artística.

Entiendo que no fuimos los únicos en el proceso transformador de la comunidad, pero jugamos un papel principal. Testigo de ello son los numerosos reconocimientos, artículos periodísticos, entrevistas radiales y programas de televisión que vinieron a documentar el trabajo de prevención hecho a través de las artes, como *CNN en Español, Eyewitness News, ABC TV.* Testigo de ello son también las presentaciones y demostraciones del uso de la música en la prevención del VIH en conferencias nacionales, como el Centro para el Control y la Prevención de Enfermedades (CDC), en Atlanta, Georgia. Y la participación en conferencias internacionales, como lo fue la 12ª Conferencia Mundial del SIDA, Ginebra, Suiza y Mujeres 2000: *Preocupaciones de Salud de la Mujer de Latinoamérica y el Caribe en el siglo 21,* auspiciado por las Naciones Unidas. Y hasta una invitación a la Casa Blanca, en Washington, D. C. Así, nuevamente, pudimos ser testigos de otra transformación.

Esta vez el cambio fue mayor y más poderoso porque alcanzó a toda una comunidad y transformó adictos a las drogas y personas viviendo con SIDA o el VIH. Dios no hace distinción de persona. Él anhela alcanzar a toda la humanidad.

En el área de producción teatral, se destaca el trabajo hecho en el musical *Civil War Voices* de James R. Harris. En el mismo, formé parte del equipo de productores que ganó el premio de *"Outstanding Production of a Musical"* en el 11th *Midtown International Theatre Festival* (2010). La obra obtuvo 11 nominaciones y seis premios.

Formé parte del equipo de Project CREO, una iniciativa de *Arts InterFACE*, que ha desarrollado un proyecto de arte para niños a nivel nacional en Ecuador. Durante mi estadía en Quito, Ecuador, di seminarios de actuación, dramaturgia y Teología del Arte, además, dirigí una adaptación del *Cantar de los Cantares* de Salomón, la cual llamé *Tal es mi Amado*. La misma incluía expresión corporal, música y teatro.

CONECTANDO CIELO Y TIERRA A TRAVÉS DE LAS ARTES

Mi misión en la vida es hacer caminos nuevos. Y en esa andanza por esos caminos nuevos, transformar la vida de la gente y restaurar su espíritu creativo, usando las artes y, en especial, el teatro, como instrumento de inspiración, sanación y transformación.

Me siento agradecida de Dios, porque entiendo que me dio la sabiduría, el conocimiento y sobre todo el regalo del arte como instrumento para transformar y, literalmente, salvar vidas. La *Biblia* nos dice en Efesios 3:20-21: "Y a Aquel que es poderoso para hacer todas las cosas mucho más abundantemente de lo que pedimos o entendemos, según el poder que actúa en nosotros, a Él sea gloria en la Iglesia en Cristo Jesús por todas las edades, por los siglos de los siglos. Amén".

Y yo soy testigo de esa abundancia creadora y transformadora de Dios.

_____

NOTA:

[1]Ver INTRODUCCIÓN: "Señor hazme una mujer de ideas"

¿ARTISTA?

INFORMACIÓN

Libros y Talleres de Teatro y Teología del Arte

LIBROS SERIE BEZALEL

Bezalel: Un artista llamado por Dios
Bezalel: Guía de Estudio y Activación Creativa

Los siguientes libros contienen la misma información de *Bezalel: Un artista llamado por Dios*, pero dividido en tres libros cortos:

Dios escogió un artista: El llamado de Bezalel
¿ARTISTA?: Dios tiene seis dones para ti
Obediencia y sumisión: La clave del éxito artístico de Bezalel

LIBROS SERIE PERFORMANCE PROFÉTICO

ACCIONES SÍMBOLICAS: Performance Profético
SUEÑOS Y VISIONES: Performance Profético
(Guía para crear performances proféticos)

OTROS LIBROS

El poder creativo de la Palabra de Dios para el artista

Los libros están disponibles en amazon.com

CONTACTO:

Correo digital:
almavillegas@ao